小学篮球教学的实践与研究

实践与研究

XIAOXUE LANQIU JIAOXUE DE
SHIJIAN YU YANJIU

魏敬　陈威◎主编

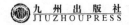
九州出版社
JIUZHOUPRESS

图书在版编目（CIP）数据

小学篮球教学的实践与研究 / 魏敬，陈威主编.
—北京：九州出版社，2020.1
ISBN 978-7-5108-8487-0

Ⅰ.①小… Ⅱ.①魏… ②陈… Ⅲ.①篮球运动—教
学研究—小学　Ⅳ.①G623.82

中国版本图书馆CIP数据核字（2019）第273268号

小学篮球教学的实践与研究

作　　者　魏　敬　陈　威　主编
出版发行　九州出版社
地　　址　北京市西城区阜外大街甲35号（100037）
发行电话　（010）68992190/3/5/6
网　　址　www.jiuzhoupress.com
电子信箱　jiuzhou@jiuzhoupress.com
印　　刷　河北盛世彩捷印刷有限公司
开　　本　710毫米×1000毫米　16开
印　　张　15
字　　数　244千字
版　　次　2020年1月第1版
印　　次　2020年1月第1次印刷
书　　号　ISBN 978-7-5108-8487-0
定　　价　49.80元

编委会

编者语

  篮球运动一直是小学生喜爱的内容，为了更好地开展篮球教学，研究团队成员多年来坚持开展小学篮球教学研究活动，创编了大量篮球游戏。本书汇集了团队成员创编的100例游戏案例。这些游戏内容涵盖五个主题，即主题一：开展篮球游戏活动激发学生兴趣；主题二：开展篮球游戏活动创编篮球内容；主题三：开展篮球游戏活动优化教学策略；主题四：开展篮球游戏活动提升学生体能；主题五：开展篮球活动丰富校园篮球内涵。

  本书集日常篮球游戏之所长，进一步拓展思路，创编新型篮球游戏，丰富篮球教学内容，并通过教学实践取得了较好的效果。书中的部分游戏发表在《体育教学》杂志上。并且团队成员结合创编游戏，进一步优化篮球教学课，取得了丰硕成果，受到了市级专家的好评，多篇篮球游戏论文获北京市学校体育论文科报会一等奖。

  本书编写过程中，由于团队成员能力有限，难免存在不足，恳请广大读者批评指正。

2019年9月 编者

目录

开展篮球游戏活动激发学生兴趣

一、篮球游戏的概念

随着社会的不断进步，学校体育游戏近几年取得了较大发展。体育游戏是遵循一些特定规则的、有组织、有目的的体育活动。篮球游戏是随着体育游戏的逐渐发展而出现的一个分支，是一种以篮球为主要工具，有特定目的、任务，并在特定的规则和范围内实施的某种活动形式和方法的总称。经常开展篮球游戏可以发展学生的体能和智力，培养学生遵守纪律、积极进取及团结奋进等良好品质。《体育与健康》课程标准说明，篮球教学是在篮球的实践活动中，以让学生主动去感受和体验其特征价值和乐趣为主线，不过分追求其技战术细节。这也合乎了篮球教学中可以采取游戏教学法的要求。采用游戏教学法可起到集中学生注意力和提高学生兴奋性的作用，有利于学生在较短时间内较快地掌握篮球运动中的各种技术与技能，对篮球教学工作起到良好的促进作用。

二、篮球游戏的特性

篮球游戏是人的肌体在大脑神经中枢指挥与调控下，通过肌肉的收缩舒张，按一定的目的和要求来完成跑、跳或篮球技术动作及简单战术的，不但能有效地学习、掌握基本的篮球技术和简单战术，而且能促进机体的新陈代谢，改进、完善机体各组织器官系统，增进身体健康，提高学习效率。篮球游戏内容丰富、形式多样，随着体育教学改革的逐步深化，体育课的内容、形式、方法与目的不断拓展，尤其现代教育观念逐渐被人们接受，篮球游戏在教学大纲和体育课中占有重要一席。为此，剖析篮球游戏的特性，深化对它的认识，对培养学生终身自觉进行体育锻炼具有重要意义。

根据构成篮球游戏的内在因素及影响篮球游戏运作效果的外界因素，篮球游戏的基本特性如下：

（一）活动性

篮球游戏不同于其他的智力和娱乐游戏，它最明显的特性就是活动性。通过身体各部位肌肉的活动，既提高了机体的新陈代谢能力，又获得了肌肉的"生物恢复"和"超量恢复"。而"生物恢复"和"超量恢复"是学生增强体质的重要因素。

（二）竞赛性

篮球游戏常以胜负作为结束的形式，即所谓的竞赛。在竞赛中，既要克服外界的环境障碍，又要克服个人的生理方面和心理方面的障碍，为此需要付出体力、毅力、意志等方面的努力。参与篮球游戏后的胜利又是一种情感体验上的愉悦，这就吸引学生乐于去克服困难，勇于拼搏，积极进取，坚持到底去获取胜利。在篮球游戏中可增强体力、意志力、自信心。

（三）趣味性

"没有趣味性便没有游戏"。篮球游戏的激烈竞争能满足学生好奇和好胜的心理需要，又能激发练习者浓厚的情趣。篮球游戏采用的技术动作或简单配合的象征性、形象性、滑稽性与"惊险性"等，使人跃跃欲试，加之动作的难度，会使学生集中注意力，积极地完成游戏。因此，篮球游戏能激发学生参加体育课的兴趣，引发他们良好的学习动机，从而建立深刻的运动表象。

（四）集体性

篮球游戏基本上是集体作业，许多游戏内容需要参加者通力合作才能完成。在分组比赛中，每个成员都得主动地、积极地、认真地操作，为本组获取胜利尽职尽责。它既倡导胜不骄、败不馁，团结协作，共同进步的精神；又能根除个人主义、自由主义、风头主义等不良品质，能有效培养学生讲团结、讲协作、关心集体、服务于集体、为集体荣誉努力拼搏的优良品德。

（五）知识性

篮球游戏由各种跑、跳、拍、掷、滚等篮球专门技术动作组成，而且篮球技术动作的名称、概念、方法及运用等具有系统的、完整的、丰富的知识性。不借助科学的篮球技术、战术知识，就不能开发和创新篮球游戏，两者相辅相成，同步发展。此外，篮球游戏与人体解剖学、运动心理学、体育保健学、生物力学、运动技能学、训练学等边缘科学紧密相关。游戏练习者要借助这些知识指导自己科学地活动。篮球游戏的知识性、科学性对开发学生的智慧，拓展思维，发展想象力、创造力具有实际价值。

（六）易操作性

目前，我国大多数学校没有室内体育场馆，有些时候体育教学会面临运动场地、器材设备等不足的现象。但是这些因素对篮球游戏的制约较小。在教学设计之初，可以根据学校实际情况、教学要求、学生的生理特点有针对性地编写几套篮球游戏预案。在教学过程中，根据实际状况，选择比较适宜的篮球游戏预案，及时调整运动量和密度，让全体学生都能够参与其中。实践证明，篮球游戏的机动性和灵活性有效地辅助了篮球教学的基本内容，通过一项技术多项游戏支撑，让课堂教学不再受场地、器材等因素的制约，最大限度地为全体学生提供"学习条件"和"必要的适合的学习机会"。

（七）教育性

在篮球游戏教学中，应始终坚持不懈地对学生进行力所能及的思想政治教育工作，促使学生的思想向积极、主动的方向转化，端正学习态度、激发求知的欲望，学习成绩有显著提高，对完成篮球教学以及其他教学方面的任务都起到了积极的促进作用。篮球游戏是篮球教学过程中经常采用的辅助教学手段，既能够为教学内容做好充分铺垫，也能够对篮球技术进行巩固和强化。篮球游戏多为集体参与形式，有明确的规则限制，具有明显的对抗性、竞赛性和技巧性。通过篮球游戏可以加强学生遵守纪律、团结互助、集体主义等方面的思想教育，这无疑对课堂教学的质量起到了积极的促进作用。

三、篮球游戏的意义

篮球教学中合理地运用篮球游戏具有十分重要的实践意义。主要表现为：

其一，有利于调动学生学习的积极性和主动性。篮球技术、战术的反复练习是必需的，但常规单一的练习方式易使学生感到厌烦，在专项身体素质练习中尤其如此，以致大大降低教学效果。若将篮球游戏和篮球教学内容与手段有机地融合，就能提高学生学习的兴奋性，使他们长久地保持旺盛的求知欲，以便较好地完成教学任务。

其二，能提高学生头脑的机智性、动作的灵敏性和身体的对抗性。篮球游戏所具有的较大负荷量度和复杂多变性，对游戏者的思维能力、机体的敏捷性和稳定性都能起到良好的锻炼作用，这些能力也是当代竞技篮球运动员所必备的。

其三，篮球游戏对学生心理品质和团队精神的培养有重要的作用。篮球游戏不仅可以使学生学到篮球技战术，还能培养学生遵守规则的自觉性，勇于竞争和顽强拼搏的心理品质，以及协同合作的团队意识。

四、篮球游戏的作用

篮球游戏是体育教学和体育活动的重要内容之一，是一种内容丰富、形式多样和娱乐活动相结合的体育项目。篮球游戏具有以下几方面作用：

（一）篮球游戏增强篮球的娱乐作用

篮球游戏的娱乐性符合学生的生理和心理特征。根据这一特点，我们用篮球游戏激发学生对篮球的兴趣。学生在学习一些技能或动作时，往往因为内容单调重复而消极以对，穿插一些篮球游戏可达到事半功倍的效果。

探索篮球游戏能使学生产生积极的情感体验，这种情感体验会影响他们对篮球游戏的兴趣。学生在篮球游戏中享受到运动的快乐，极大地激发了学习的欲望。

（二）提高篮球基本技术的掌握

篮球游戏具有娱乐性，不仅能充分调动学生的学习积极性，还能满足学生对运动的需求。但是学生不能就单纯地打篮球，如果一味打篮球，会失去活动的意义。因此在体育游戏教学活动中，教师要根据教学内容的性质、技术动作的特点，编制篮球游戏规则，科学地组织成各种类型的游戏进行教学，以完成规定的教学任务。篮球游戏可以使学生在教师有针对性地指导下，在快乐的活动中，以极大的学习热情去不断自我强化和纠正所学的内容。学生既满足了生理和心理需求，又在娱乐中掌握了篮球的基础技术。

（三）开发学生的创新能力

在篮球游戏中，既存在身体的竞争，也存在智力的竞争，而胜利往往是身体和智力的结晶。因此，篮球游戏不仅能提高学生的体能，还能培养学生的思维能力、创新能力、应变能力和进取精神，帮助学生理解动作与动作的关系，以及篮球运动的一般特征。篮球游戏有机会让每个学生展示自己独特的思维方式。由于篮球游戏是动态的结构，有利于培养学生的观察力、感知力，从而发展小学生的思维。

（四）提高学生心理素质

首先，篮球游戏能改善学生的心理状态，使学生敢于竞争。很多学生因为自我期望太高，一旦遇到困难或挫折就会沮丧、失去信心。而篮球游戏以其丰富而有趣的活动，使每个人都能得到胜利，大家能充分发挥自己的能力，从而增强自信心。其次，提高注意力，适应复杂环境。有的学生在复杂的环境中无法调整自己的注意力。篮球游戏复杂多变的比赛过程能提高神经系统的灵活性，进而提高大脑的综合分析能力和应变能力，其充满竞争和对抗的游戏形式能提高学生的自信心和自我调控能力。学生在游戏中建立了信心，磨炼了意志，敢于为成功而奋斗。

（五）在篮球教学中具有引导作用

篮球游戏作为篮球教学的辅助手段，目的是调动学生学习的积极性和自觉性，完成教学任务，提高教学质量。准备热身活动是篮球教学的基础内容，在传统教学中，慢跑及徒手操等活动无法充分调动学生的积极性。而应用篮球游戏既可以达到热身效果，又能使学生快速进入学习状态。

（六）增强学生的学习能力

进行篮球游戏必须遵守相关规则，才能凸显篮球游戏的趣味性。因此，教师在授课前，应先向学生讲解篮球游戏规则，再指导学生进行游戏。学生们渴望进行篮球游戏，游戏过程中激烈的竞争能够开发他们的篮球智商。随着篮球教学的深入，学生对篮球游戏规则的了解逐渐加深，实践操作能力也逐渐增强。与此同时，学生的学习欲望和求知欲望也会增加，这对学生学习其他学科也有一定帮助。

（七）培养学生的集体主义精神

篮球游戏能充分调动学生的自主性，学生自行组合成自认为最完美的组合，积极地参与到游戏中。各队在布置比赛战术时，学生可以充分发表个人意见，选出心目中的队长，感受到团队合作的重要意义。教师要注意学生的助攻数，避免出现个人英雄主义。长此以往，学生逐渐养成了团队精神，学会了协调人际关系，进而得到全面发展。

五、篮球游戏运用的原则

篮球运动极大地丰富了校园文化生活。在篮球课堂教学中，传统的、单一的训练模式将这项体育运动演变成为枯燥的、乏味的技术能力训练。而篮球游戏恰恰能够激发和启迪学生的学习兴趣和参与热情，在娱乐之中融合体力发展和智力发展。在"终身体育""快乐体育"的教育理念指导下，篮球游戏既提高了篮球课堂的教学质量，又在快乐之中培养了学生顽强、机智、勇敢的意志品质和集体主义精神，同时也培养了学生终身参与体育的意识。

（一）安全性原则

安全问题是学校体育教学中的首要难题。在进行竞争性和对抗性强的篮球游戏时，学生常常处于快速跑动、躲闪和追拍的状态，再加上学生情绪高涨、极度兴奋和全身心的投入，容易发生滑倒、碰撞和挫伤等现象。因此，在篮球教学中，必须对篮球游戏动作的可行性和安全性进行正确评估。同时，教师要加强安全教育，强调动作要领和游戏规则，对场地、队形排列、往返路线和交接方式做到周密地安排与设计，注意体育器材的合理选用、布置与利用，以排除危险因素，防患于未然，杜绝伤害事故的发生。

（二）适宜性原则

篮球游戏的安排，既要注意游戏本身的方法、规则和趣味性，还要考虑学生的性别、年龄、身体素质和心理特征等因素。根据学生的不同层次，确定合理的组织形式和运动负荷。学生在游戏中只有承受一定的生理和心理负荷才能使其产生相应的效应，过小或过大的负荷不仅起不到教学效果，甚至会危害学生的身心健康。因此，每一次篮球游戏的计划都应掌握适宜的运动量度，在对学生具有挑战性的同时，又不能超过他们最大的承受能力，以免发生过度疲劳而影响本次或下次课的教学质量。

（三）针对性原则

篮球游戏是一种有意识的活动行为，不同游戏对学生所施加影响的侧重点也不同。篮球游戏不能只为了让学生快乐和追求课的密度，而影响运动技能的学习。其内容的选择和运用应具有明确的针对性。在篮球课教学中，为了更好地完成教学任务，取得实效，篮球游戏的选择必须与每一次篮球教学的目的、任务和内容结合起来。如：篮球课的主要目的是提高学生运球技术的熟练程度，那么可以选择"运球抓人"和"曲线运球接力"等游戏来达到这一要求。另外，有些篮球技术不能勉强地同游戏结合起来，这样可能会使技术动作的规范性和游戏的趣味性都受到较大影响。

（四）教育性原则

学校教育即教育者根据一定的社会要求和受教育者的发展规律，有目的、有计划、有组织地对受教育者的身心施加影响，期望受教育者发生预期变化的活动。篮球游戏既能够满足学生的学习兴趣，又能培养学生的意志与品质，是一种有效的、实用的教育手段。所以在体育教学中，选择篮球游戏时要充分地考虑其内在和外在的教育意义，让篮球游戏最大限度地为教育教学服务。

（五）集体性原则

篮球集体性原则充分体现在参与的人数上可多可少、可男可女上。在篮球游戏实施过程中，教师要充分考虑到学生的性别、跑动速度、运动能力等实际情况。合理搭配的集体小游戏，能够让学生各显其能、各获其利，在愉快的氛围下学习到篮球的技能技巧，提高意志品质和道德修养，增强荣誉感。

（六）健康性原则

篮球游戏存在着发生伤害事故的可能性和诸多不确定因素，有的可以预见，有的不可预见。所以教师在教学之前，应充分考虑哪些篮球游戏有损学生身心健康，过于复杂而又难以控制，容易出现受伤问题，然后杜绝采用这一类游戏，以免给学生带来伤害，同时又不利于教学任务的完成。

（七）趣味性原则

兴趣是最好的老师，能够让学生主动地去追求、去学习、去探索。增强篮球游戏在课堂教学中的趣味性，有利于激发学生的学习兴趣，变被动学习为主动学习，从而提高教学质量。所以，教师要从学生的实际情况出发，不断摸索篮球游戏的实用性，从内容到形式上都富有趣味性、适用性和易掌握性，为学生提供"学习条件"和"必要的适合的学习机会"，这将有利于学生的全面发展。

篮球游戏案例（25例）

游戏案例01：保卫萝卜

【适合年级】

小学中低年级

【游戏方法一】

4名同学两两一伙，各持一球站在中圈内。游戏开始后，两方队员边运球边用另一只手抢断对方的球，谁的球出界谁就到界外等候，最后圈中只剩下哪一方的队员哪方获胜。

如图1-1所示。

图1-1

【游戏方法二】

根据本班人数，可将学生平均分成若干组，为了有所区别，可让学生穿上不同颜色的号坎，在篮球半场或全场范围内相互运球抢断球，球出界者到界外等候，最终留在场地内的一方获胜。

【游戏方法三】

两名学生一组各持一球，各自保卫一个"萝卜"（球托），两个球托颜色不同。游戏开始后，教师任意说一种颜色，保卫该"萝卜"的学生边运球边断对方的球，另一名学生边运球边用脚踩对方的"萝卜"，若守卫者在对方踩到"萝卜"之前抢断球成功则获胜，反之进攻者获胜。

【游戏规则】

不得抱着自己的球去抢断别人的球，只能边运球边断球。运球过程中不得踩中圈线（边线、底线）或出界，若踩中圈线（边线、底线）或出界，则算失败，在界外等候。

【游戏目的】

锻炼学生两只手协调配合的能力，提高灵敏性，做到眼疾手快。培养学生保护球的意识，提高护球能力。养成与他人合作的习惯。

【温馨提示】

教师要根据学生的实际情况随时提示，教会学生在抢断球时，要先保护好自己的球，看准时机再抢断对方的球，并学会用身体保护球。游戏方法二给学生留一些讨论的时间，他们会商量出抢断球的策略，或全部人围攻一个人，或集中抢断一个队，或背靠背相互照应横扫战场。抢断球时容易挫到手指，游戏前要让学生把手指活动充分，然后强调抢断球的细节。

【游戏思考】

可以由2—4人，变成小组集体对抗，一组沿着中心圆线站立原地运球护球，另一组迎面干扰抢断突破。

如图1-2所示。

抢断球的时机是关键，教师要在游戏教学中渗透篮球规则，让学生合理运用动作去抢断球，否则会造

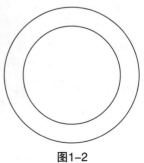

图1-2

成犯规。教学中不仅可以采用一对一、二对二的形式，还可以采用少胜多的模式，如运球的5名学生在内圈，外圈有4名学生移动中抢断球，内圈和外圈学生要依靠小组合作的能力，协调配合完成抢断任务，在一定时间内、在一定强度中让学生进行小组对抗。

抢球是从进攻队员手中夺球的方法，有两种：拉抢和转抢。无论哪种抢球，都应该注意准确的判断、意图的隐蔽、快速的动作、合理的抢法，抢球应尽量避免犯规，养成合理抢球的习惯。

游戏案例02：抛"西瓜"

【适合年级】

小学低年级

【游戏方法一】

根据人数分成两队，每队分成两组相向而站（约3米），每队一个"西瓜"（篮球），第一名学生双手托住"西瓜"，两臂由下向上将球垂直抛起，传给对面的同伴，然后跑到对方的队尾，依照此法连续进行，哪个队先达到规定的抛"西瓜"的数目哪个队获胜。

如图2-1所示。

图2-1

【游戏方法二】

4人一组，可多组同时进行，各组最后一名学生拿"西瓜"（篮球），组员排成一路纵队前后相距3米左右。游戏开始后，最后一名学生将"西瓜"抛给前面同学，前面同学再抛给他前面的同学，以此方法抛给第一名同学，而后再反向抛回到起点（最后一名学生手中），游戏结束。哪组最先完成，哪组获胜。

【游戏方法三】

将学生分成人数相等（10人以下）的若干组，每人拿一个"西瓜"（篮球），每组前面放置一个空球车（开盖），各组队员在起点线后准备。游戏开始后，各组队员依次将自己手中的"西瓜"抛进本队前方的球车中，直到本组的球全部投进，哪组先抛完哪组获胜。

【游戏规则】

抛"西瓜"过程中"西瓜"不能落地。没接住的"西瓜"不算数。谁丢了"西瓜"，谁就立即捡回再继续游戏。已经抛进球车的"西瓜"若弹出来则算作进球，将其放进球车即可。没抛进的"西瓜"要立即捡回到起点重新抛。

【游戏目的】

提高低年级学生双手抛接球技术，增强其手感与球性。发展上肢力量，培养学生团结合作的意识。

【温馨提示】

待学生熟练后可增大抛"西瓜"的距离，增大传球难度，从而熟练掌握抛接球技术。学生抛接时，可以发出接的信号，以免接球人注意力不集中。学生捡球时要注意安全，以免被反弹的球砸伤自己。

【游戏思考】

学生练习的形式，可以变化为四边形，每个角站一队，抛球后向下一组移动换位。

此项游戏在于提高低年级学生的手感与球性。低年级学生控球能力较弱，因此，在实际游戏教学中，应先从近距离着手，让学生初步体会抛接的成功感，敢去接球。此外，还要考虑学生如何保护自己，不被

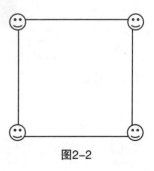

图2-2

篮球意外碰伤，产生不必要的麻烦。

另外，要提示学生接球时的手形：双手五指张开手腕外翻，主动向前上方迎球，接球后向后下方缓冲收至胸前。游戏中要注重培养学生的配合能力。练习的距离应由近及远。同时，还要帮助学生明确抛球后跑动的路线轨迹。

抛球：膝微屈，两手握球，手心空出，屈体，臂微屈于体前，抛球时腿蹬地，两臂由下向上将球垂直抛起，两臂随之向上送球，身体伸展。

接球：膝微屈，抬头两臂上伸，手触球瞬间，两臂回收，将球置于体前。

游戏案例03：手拉手

【适合年级】

小学中低年级

【游戏方法一】

两名同学手拉手并排站立。游戏开始后，两名同学向前跑动，右边同学右手运球，到达指定地点后换另一名同学右手运球返回起点，形成接力。哪组先完成哪组获胜。

如图3-1所示。

图3-1

【游戏方法二】

两名同学手拉手并排站立，右手运球的同学面向前面站，另一名同学面向后面站。游戏开始后，运球同学运球向前跑动，另一名同学后退跑，到达指定地点后两人互换角色返回起点，形成接力。哪组先完成哪组获胜。

【游戏方法三】

两名同学手拉手并排站立，无球同学面向前面站，有球同学面向后面站。游戏开始后，有球同学后退跑运球，无球同学向前跑，到达指定地点后两人互换角色返回起点，形成接力。哪组先完成哪组获胜。

【游戏规则】

运球过程中两名同学必须手拉手。若丢球，则立即捡回球，从丢球处继续比赛。

【游戏目的】

提高学生行进间运球的技术。培养学生团结合作的意识。

【温馨提示】

两名学生都朝前跑的方法相对简单，待学生熟练后，让学生一个朝前、一个朝后，这就给学生快速前进增大了难度，同时也要求学生有更出色的合作能力。有能力的学生可以尝试两人同时运球。

【游戏思考】

二人手拉手直线运球改为绕"8"字运球。

学生的协同配合是关键，有时会突然松开手。因为运球的路线有所改变，导致无法顺利配合。游戏时，可以让学生先从慢速运球走动开始，然后过渡到慢跑运球，最后是快跑行进。由直线运球逐渐过渡到曲线运球。持续的行进间运球是学生必备的能力，因此，要提高二人合作配合的前提是要增强学生个人运球的熟练度。包括学生左、右手运球的能力，游戏的内容还包含了很多篮球的基础动作，这些都是完成游戏内容的根本。

按拍球的后上方，球的落点在同侧脚的前侧方，跑动的步伐与球弹起的节奏协调一致。球的反弹高度在腰、胸之间。

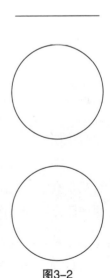

图3-2

游戏案例04：时钟报时

【适合年级】

小学低中高年级

【游戏方法一】

4名同学围成正方形并面向中心持球准备，按顺时针方向分别代表3点、6点、9点和12点。游戏开始后，右手原地运球，当教师说出以上4个点中的任意一个时间点时，代表该时间点的学生迅速原地低运球5次后恢复高运球，等待教师下一次的指令。

如图4-1所示。

图4-1

【游戏方法二】

4名同学围成正方形持球准备，按顺时针方向分别代表3点、6点、9点和12点。游戏开始后，学生面向老师右手原地运球，教师用手势比出数字，对应学生迅速原地低运球5次后恢复高运球，等待教师的下一次指令。

【游戏方法三】

4名同学围成正方形并面向中心持球准备，按顺时针方向分别代表3点、6点、9点和12点。游戏开始后，学生边右手原地运球边手心手背，与其他3人出的不同的人算赢，此人代表几点，大家就原地低运球几次，运完再恢复高运球，继续游戏。

【游戏规则】

高、低姿运球动作要标准。被挑中的"时间点"要按数量完成低运球。按赢的时间点低运球时要一起数着运球。若丢球，应迅速捡回继续游戏。

【游戏目的】

进一步巩固高、低姿运球的基本技术动作，提高学生的反应能力。

【温馨提示】

做此游戏时学生要有一定的运球基础，右手练完试左手。待学生熟练掌握以上玩法后，可增加单手击地转移球的环节。也可以在中间设置一位学生，该学生做原地转法练习，他面向几点方向，代表该时间点的学生就迅速低运球，待下次转移球时再恢复原地高运球继续练习。提高原地运球技术的同时，还能巩固原地转法的技术动作。

【游戏思考】

方法一：学生4人一组，还是代表3点、6点、9点和12点时间位置，听到教师发令后，学生按照顺时针集体移动一个位置。

方法二：学生12人一组，每人代表一个时间点，听到教师发令后，集体按照顺时针或逆时针移动一个或两个点。

方法三：学生按照12个时间点站立，其中单数站在内圈，双数站在外圈，当教师发令：单数高姿运球，双数低姿运球，看教师手势及时交换。高、低姿运球要控制好身体的重心，注意球的反弹高度。高运球时两脚自然开立，手指张开，大臂带动前臂；低运球时前臂带动手腕，用指根以上部位运球。身体重心变化要迅速，转换要及时。动作协调连贯。

高运球时两脚自然开立，手指张开，大臂带动前臂，用指根以上部位按拍球的正上方。低运球时双膝弯曲，上体前倾，小臂带动手腕，用指根以上部位运球，球的反弹高度与膝同高。

游戏案例05：运球砸影子

【适合年级】

小学中低年级

【游戏方法一】

两人一组、各持一球站在篮球场地限制区内，一人运球砸对方的影子，另一个人运球躲闪，砸到对方影子3次（可不连续）后两人交换角色。

如图5-1所示。

图5-1

【游戏方法二】

两人一组，在规定区域内可多组同时进行游戏，每人运两个球，一人边运球边用脚踩对方的影子，另一个人运球躲闪，踩到对方影子两次后，两人交换角色。

【游戏方法三】

两人一组，可多组同时进行，在起点处，一名同学持球站在起跑线后，另一名无球同学在其身后。游戏开始后，持球同学快速直线运球奔向终点，当教师吹哨后无球同学追赶运球者，并尝试踩其影子，到达终点之前，以踩到影子次数多者为胜。

【游戏规则】

　　在限制区或（规定区域）内进行游戏，若球出界要迅速捡回，继续游戏。游戏时不得出现犯规及违例现象，例如抱球跑、双手同时运一个球、用手拉人等。

【游戏目的】

　　通过运球砸影子和运球躲闪的练习，能提高学生运球移动的能力。游戏时，学生要观察对方的位置及自己的跑动路线，这些都要求学生要有广阔的视野，以此来培养学生运球不看球的习惯与意识。无论是运球砸影子还是运球躲闪，都需要学生有良好的反应能力，通过游戏能够提高学生的灵敏性。第三种玩法可以更好地发展学生的奔跑能力。

【温馨提示】

　　此游戏只能在晴天或室内有灯光的情况下进行，同时需要较宽敞的游戏场地，学生游戏时比较投入，往往会忽略其他同伴的情况，因此教师要随时关注，避免造成伤害事故。游戏时有两种砸影子的方法，一是用球砸影子；二是用脚踩影子。教师可根据学生的运球能力合理安排游戏方法。在安排第三种玩法的时候，教师要根据影子的方向安排游戏方向，不要出现跑动时影子在前面的情况。上午和下午上课的时候影子足够长，不必担心踩不到影子。

【游戏思考】

　　以运球追逐砸影子的形式，提高了学生控球的能力。在练习中，要考虑游戏场地的安排、组与组之间学生的位置关系，避免相互碰撞。灵活的控球，及时变换路线是控球能力的关键。在游戏中，可以让学生尝试、体验体前变向技术。这样为游戏及后续的篮球教学做好铺垫。

　　平时可多做些变向跑的练习，让学生连续通过2—3个纵向间隔的小垫子，体会无球脚步移动的方法，加强身体的灵活性。"右手拍球右侧方，球从体前变方向，上步换手体探肩，变向前进推后方"。在日常教学中还要提示学生动作的节奏，动作的连贯，突出强调控球者的身体灵活性和良好的控球能力。

游戏案例06：节奏大师（以右手为例）

【适合年级】

小学低中高年级

【游戏方法一】

人手一球站在"田"字格内右手原地运球准备，音乐响起即游戏开始，学生跟随音乐的鼓点进行运球练习，谁的运球节奏与音乐节奏相似度高谁获胜。

如图6-1所示。

图6-1

【游戏方法二】

人手一球站在"田"字格内右手原地运球准备。游戏开始后，根据教师的手势选择高运球或低运球，教师手向上学生则高运球、教师手向下学生则低运球。以反应快、不丢球者为胜。

【游戏方法三】

将全班学生分成左右两组，教师用两只手分别控制两组学生，指挥学生高运球或低运球。游戏开始后，"田"字格内的学生开始高运球，根据教师手的高度的变化，对应学生做高运球或低运球，教师不断变换位置吸引学生的注意力。以反应快、丢球少的一方为胜。

【游戏规则】

运球手五指张开手心空，按压球的正上方。左臂护球，眼睛向前看。根据音乐节奏选择高运球或低运球。若丢球，迅速捡回继续游戏。进行第二、第三种游戏方法时，学生要根据教师的手的高度选择高运球或低运球。

【游戏目的】

利用"田"字格，让学生明确原地运球时脚的基本站位以及运球时球的落点("田"字格中右上角的方格内)，养成正确的运球姿势以及运球不看球的好习惯。进一步巩固高、低姿运球的基本技术动作；提高学生听音乐、数节拍的能力，培养学生的节奏感。体会连续按压球时手指力度的变化，提高手指的控球能力。

【温馨提示】

在音乐的选择上，尽量挑选节奏感强且鼓点明显的音乐。刚开始选择节奏适中的音乐，熟练后可逐渐加快节奏，后期可以挑选有节奏变换的音乐，增大运球难度。第二、第三种玩法是让学生看教师手势运球的练习，这有助于学生运球不看球的习惯的养成。右手练完不要忘记左手，对于运球技术熟练的学生可以让他们运两个球，不断向学生提出新的挑战。

【游戏思考】

此项游戏能够巩固原地高、低运球的基本技术动作；提高学生听音乐练习动作的能力，培养学生的节奏感。体会连续按压球时手指力度的变化，提高手指的控球能力。游戏中，教师不断变化位置吸引学生的注意，然后学生不断调整脚步位置，在"田"字格内变换方向，体验不同方位的脚步动作。

学生运球能力的提高，需要通过多样化的运球方法和练习实践来完成，通过不同节奏的运球，逐渐熟悉球性，增强对篮球的控制能力。

学生在原地运球时，接触的是球的正上方，在球的正上方进行有节奏的按压。练习初期，可以从篮球放在地面上开始，从"死"球按在地面上，过渡到用手指弹拨球，再到有一定高度的运球，然后逆向练习，再过渡回手指弹拨球的状态，最后将球停在地面上，依照以上顺序反复练习。

游戏案例07：照镜子游戏

【适合年级】

小学中高年级

【游戏方法一】

两名同学A和B一组，面对面各持一球站在各自的区域内。游戏开始后A同学做各种运球动作（包括原地运球、左右拉球、前后拉球、体前变向换手运球、沿线运球等），B同学模仿A同学的运球动作、动作幅度及方向，哨响之后互换角色，比比看谁模仿得像，模仿得像的人获胜。

如图7-1所示。

图7-1

【游戏方法二】

4名学生两两一组，分别是A组和B组，各持一球站在各自的区域内。游戏开始后，A组两名学生配合着做各种持球、运球动作，B组学生进行模仿。哨响之后两组互换角色，比比看哪组模仿得像，模仿像的组获胜。

【游戏方法三】

两名同学A和B一组，面对面各持一球站在各自的区域内。游戏开始后A、B两位同学进行反向模仿练习，包括方向、动作路线等（例如上举球对应下蹲球触地）。哨响之后互换角色，比比看谁反应快，反应快的人获胜。

【游戏规则】

　　模仿或反向模仿对方的持球、运球动作和动作方向，尽量保持节奏一致；每人做5个动作，每个动作持续至少8秒钟；两位同学必须在自己的区域内完成模仿游戏。需要两人配合做游戏时，必须要有身体接触。

【游戏目的】

　　激发学生的学习兴趣，进一步巩固持球动作和原地运球的基本动作；培养学生的观察能力和模仿能力；让学生养成运球不看球的习惯，从而提高手的控球能力。

【温馨提示】

　　照镜子模仿和反向模仿游戏初期，可以让学生做单一动作的模仿练习，只强调运球动作的一致，待熟练后可让A同学任意组合运球动作，增大模仿难度。两人配合模仿游戏时，模仿两人的配合动作有难度，因此，做出的运球动作可相对简单些，以原地运球和直线运球为主。

【游戏思考】

　　照镜子游戏，可以提高学生相互观察的能力。游戏中不光是相互模仿的形式，还可以采用提问的形式，如问对方"你看看我的鞋子是什么颜色""我衣服上有什么特征"等，进一步提高学生观察的能力。教学中不同年龄阶段的学生感兴趣的事物不同，在设置游戏时要充分考虑学生的身心特点。教师只有适时改变教学思路，使用新颖、学生感兴趣的教学方法，才能真正做到让学生投入到课堂之中，使得学习不再是负担，而是一种享受！

　　运球是篮球技术中最重要的技术之一，掌握好运球技术是实现有效控制球的关键，同时也是同学们进一步学习突破技术的基础。然而，要掌握好运球技术还需要发展相应的速度素质和灵敏的变向能力，否则运球技术难以得到有效运用。

游戏案例08：后浪推前浪

【适合年级】

小学中高年级

【游戏方法一】

10名学生各持一球站成一路纵队（可多组进行比赛），右手运球准备，最后一名学生根据教师的手势选择低运球或高运球，低（高）运球的同时告诉前面同学"蹲"（"起"），把信号依次传递给前面的人，形成人浪，哪个队在规定时间内完成的浪数多哪个队获胜。

如图8-1所示。

图8-1

【游戏方法二】

10名学生各持一球站成一路纵队（可多组进行比赛），右手原地高运球。游戏开始后，第一名学生原地转身换手低运球，面向第二名同学，第二名学生也原地转身换手低运球，面向第三名学生，依照此法，最后一名学生做完。此时教师吹哨，最后一名学生转身回来换手高运球，再依此方法直到第一名学生转身回来换手高运球，游戏结束。哪个队完成得快哪个队获胜。

【游戏方法三】

10名学生各持一球站成一路纵队（可多组进行比赛），右手原地运球。游戏开始后，所有人向前直线运球，最后一名学生根据教师的手势选择低运球或高运球，低（高）运球的同时告诉前面同学"蹲"（"起"），把信号依次传递给前面的人，形成移动的人浪，哪个队先到达终点哪个队获胜。

【游戏规则】

高、低姿运球：低至蹲下用手指弹拨球、高至身体直立球的反弹高度在腰胯之间。最后一名同学要根据教师手势进行高运球或低运球，后面同学将信号依次传递给前面的同学。第二种玩法，转身换手低运球（高运球），动作要快、运球动作要标准。若丢球，立即捡回，其他同学原地运球等待。

【游戏目的】

让学生体会高、低姿运球时手臂用力部位的变化，从手指弹拨球、手腕用力压腕到大臂带动小臂发力的变化，提高学生控制球的能力；利用连续的升高、降低重心来增强学生的下肢肌肉力量。培养学生团队合作的意识。

【温馨提示】

此游戏以原地高、低运球为主，待学生熟练后，让学生在行进间完成此游戏，进一步增强学生行进间高、低姿运球的能力。

【游戏思考】

学生在日常学习中，对身体重心的高、低姿变换感觉不是很敏感，教学中可以借助一些障碍物，进行限高设置，这样当遇到低障碍时，学生自然就会降低重心了。通过一系列组合的障碍物，提高学生的观察、应变能力，增强学生的身体灵活性。建议先进行有障碍的高、低姿练习，然后再进行此项游戏内容。

低姿，身体重心较低以身护球，便于绕过对方的阻拦。高姿，推进方便，有利于快速运球前进。

游戏案例09：小蜈蚣穿鞋子

【适合年级】

小学中高年级

【游戏方法一】

10名无球学生为一组，站成一路纵队。游戏开始后，第一名学生从呼啦圈里拿出一个球开始"穿鞋子"（单手运球），运球3—5次后单手击地传给第二名同学，第二位同学接着运球3—5次传给下一名同学，此时第一名同学再拿一个球运球3—5次传给第二名同学，按照以上方法依次传球，直到10名学生人手一球，"小蜈蚣"的"鞋子"就穿完了，游戏结束。

如图9-1所示。

图9-1

【游戏方法二】

在"小蜈蚣"的后面放一个呼啦圈，待"小蜈蚣"穿好"鞋子"后，"小蜈蚣"开始脱"鞋子"，前面同学运球3—5次后单手击地传给后面的同学，由最后一名学生将"鞋子"（篮球）放到呼啦圈中，直到"小蜈蚣"把"鞋子"脱完，游戏结束。

【游戏方法三】

6名无球学生为一组，站成一路纵队。游戏开始后，第一名学生从呼啦圈里拿出两个球开始"穿鞋子"，双手各运一球，两手同时运球3—5次后击地传给第二名同学，第二位同学接着运球3—5次传给下一名同学，此时第一名同学再拿两个球运球3—5次传给第二名同学，按照以上方法依次传球，直到6名学生人手两球，"小蜈蚣"的"鞋子"就穿完了，游戏结束。

【游戏规则】

传球时只能以击地反弹球的形式传给下一名同学；若出现失误，其他学生要原地运球等待，待失误者回到原位后再继续游戏。

【游戏目的】

进一步巩固原地运球技术，体会连续按压球时手指力度的变化，提高手指的控球能力。培养学生与同伴的合作意识与责任感。

【温馨提示】

做这个游戏时，学生要有一定的原地运球的基础。此游戏还可以加大学生之间的距离，这对传球力度和落点的准确度要求更高了。无论"穿鞋子"还是"脱鞋子"，学生尽量保持运球节奏一致，这样才能保证任务的完成。刚开始游戏时，可以让三四名学生一组，熟练以后再增加游戏人数。在做第三种玩法之前，学生应该有双手同时运球的能力，游戏人数不宜过多，人数越多难度越大，教师可酌情而定。

【游戏思考】

此项游戏是在击地传球的基础上，体现小组的协同配合能力。首先要让学生在原地练习好单手击地传球的技术，掌握相关的技巧。不仅有面对面的，还有前后站的等，形式多样化，以此提高学生实际传球的本领。

击地传球的练习方法很多，比如在教学中可以做指定打分传球练习，学生二人一组，面对面相距一定距离，面前有一个九宫格，1—9分排列，学生一人指定分数另一人迅速寻找并完成击地传球。可用单手，也可用双手，向前下方用力，将球传出。一般击地点在传球人距接球人2/3的地方。

游戏案例10：小火车

【适合年级】

小学中低年级

【游戏方法一】

多名学生一组，"火车头"右手运球折返，返回起点后，增加新的"火车头"，原"火车头"拉住前面同学的衣服，完成折返跑，依照此方法逐次增加学生，直至整组学生全部组成了"火车"，哪组先完成哪组获胜。

如图10-1所示。

图10-1

【游戏方法二】

　　4名学生一组在起点后准备，"火车头"持球，其余同学依次抓住前面同学的衣服，从起点到终点的路程内分别放置3个篮球。游戏开始后，"小火车"向前开，"火车头"右手运球，遇到第一个篮球时，第二名学生捡起球随着队伍运球向前，遇到第二个球时，第三名同学捡球，以此类推，直到4名同学都运球了，整个"火车"冲过终点，游戏结束。

【游戏方法三】

　　多名学生一组，"火车头"两手各运一球折返跑，返回起点后，增加新的"火车头"，原"火车头"拉住前面同学的衣服折返跑，依照此方法逐次增加学生，直至整组学生全部组成了"火车"，哪组先完成哪组获胜。

【游戏规则】

　　运球过程中"小火车"不能脱节。若脱节，则返回脱节处重新比赛。游戏时若丢球，则立即返回丢球处继续比赛。第二种玩法中，学生捡球时，其余同伴均原地等待，直到"小火车"重新连接好，有球同学开始运球了，"小火车"再继续前进。

【游戏目的】

　　提高学生行进间运球的能力；培养学生团结合作的意识。

【温馨提示】

　　待学生熟练后可增大游戏的跑动距离，增强"火车头"持续运球的能力。右手练习完尝试左手。单手运球熟练后尝试双手同时运两个球，增大游戏难度。

【游戏思考】

在游戏中，首先要注意前进的速度及无球队员的跑动轨迹，不能给有球队员造成干扰。充分利用跑道，运球人偏右，无球人偏左或者以跑道线为标志，二人各在其两侧进行。另外，在游戏中可以逐渐增加难度，如二人前后同时运球、运球中钻过"小山洞"、运球中绕过标志杆等，增加"小火车"前进的难度系数。

在教授新技术的时候，采取由易到难、由简到繁的顺序。如教师在行进间运球教学过程中，指导学生先慢走运球，再慢跑运球，最后再提高速度运球。就是要让学生在简单的练习中建立自信，当学生掌握容易的练习方法后，会主动要求进一步学习难度更大的动作。

游戏案例11：跳动的音符

【适合年级】

小学中低年级

【游戏方法一】

每个"音符"（学生）运一个球，将田径场跑道线其中的5条线比作五线谱，按照C大调的排法，老师说"哆、唻、咪……"中的任意一个音调，小"音符"们就运球找位置，找到正确位置后原地运球，等待下一次指令。

如图11-1、11-2所示。

 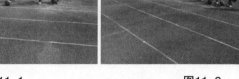

图11-1   图11-2

【游戏方法二】

3个学生一组，每个"音符"（学生）运一个球，将田径场跑道线其中的5条线比作五线谱，按照C大调的排法，老师用手指指向任意一名学生任意说一个音符，被指定的小"音符"运球找位置，找到正确位置后原地运球，等待下一次指令。

【游戏方法三】

每个"音符"运一个球，将田径场跑道线其中的5条线比作五线谱，按照C大调的排法，老师说出一个小节（以2/4拍、4/4拍为主），小"音符"们运球找到小节中的每一个音符的位置，最后停留在小节中的最后一个音符上原地运球，等待下一次指令。

【游戏规则】

"音符"们运球找位置，不得抱球走；"音符"以球的落点为准，球落在线上或线之间。

【游戏目的】

通过运球找位置，巩固学生的原地运球技术，以及小范围运球移动的能力。发展学生的反应能力。同时培养学生识谱的能力。

【温馨提示】

游戏前，教师要先带学生统一"哆、唻、咪……"的位置。为了让学生更好地体会游戏，教师可以先说线之间的音符再说线上的音符，待学生熟练以后再任意说音符，提高学生的反应能力。游戏初期，学生会分不清五线谱的位置，教师可在活动范围附近摆上标志物，方便学生找线。

【游戏思考】

每组学生按照不同的音符，分配好名称。教师演唱乐谱，每个"音符"快速移动起来……这是一种生活化的篮球教学导入，将生活的内容融于教学。如果教学中，学生对音符不适应可以直接喊数字进行练习。

在小学生的印象里，体育课就是玩。那么，我们可以利用学生天真、好动、好奇心强的心理特点，以引导的方式安排教学内容。

建构主义教学观认为：知识的意义寓于情境之中，学习的情境不是一个无关因素，学生必须通过具体的情境才能获得某种知识，教师应该成为良好学习情境的创设者。因此，教师在球类游戏中要有意识地进行情绪感染，通过语言、肢体动作激励学生，让他们置身于活动的情境中，唤起学生的情感共鸣，激发学生的情感投入。

游戏案例12：资源争夺战

【适合年级】

小学中低年级

【游戏方法一】

将呼啦围成正多边形，间隔10米左右，每个呼啦圈里放入等量的"资源"（篮球）。每个呼啦圈作为阵地分配1—2名同学。游戏开始后，守卫阵地的同学去别人的阵地争夺"资源"，并将"资源"放回本方阵地内。在规定时间内哪队"资源"最多哪队获胜。

如图12-1所示。

图12-1

【游戏方法二】

将呼啦围成正多边形，间隔10米左右，每个呼啦圈里放入等量的"资源"（篮球）。每个呼啦圈作为阵地分配1—2名同学。游戏开始后，守卫阵地的同学去别人的阵地争夺"资源"，并运球返回本方阵地，将"资源"放在呼啦圈里。在规定时间内哪队"资源"最多哪队获胜。

【游戏方法三】

将呼啦围成正多边形，间隔5米左右，每个呼啦圈里放入等量的"资源"（篮球）。每个呼啦圈作为阵地分配1—2名同学。游戏开始后，守卫阵地的同学去别人的阵地用双手从背后拿"资源"，然后蹲走返回本方阵地，放在呼啦圈内。在规定时间内哪队"资源"最多哪队获胜。

【游戏规则】

争夺"资源"（篮球）每次只拿一个球；游戏过程中不可以阻挡对方拿球，不可以抢对方手中的球，球放在呼啦圈外无效。第二种玩法要运球返回，不得抱球跑。蹲走时球要在身后背着。

【游戏目的】

发展学生的奔跑能力，提高个人反应与观察能力，增强运球移动的能力，发展下肢力量。

【温馨提示】

此游戏可以根据人数多少来安排阵地与"资源"的数量，同时考虑学生的身体运动能力安排阵地之间的距离。还可以调整每次争夺"资源"的个数或拿球的方式，如正面拿球、背后拿球、拍球等，以此来增加游戏的趣味性。提示学生拿球转身和跑动途中要注意观察，避免发生碰撞。

【游戏思考】

资源是最宝贵的，所以各组的队员要尽全力去争夺，同时也要保护好自己的资源，由此展开激烈的资源争夺大战。巧妙的躲避与快速的争夺是游戏的热点，游戏中教师要注重对学生安全的教育，建立竞争意识的同时，还要关注场地安全。为了便于游戏，在条件允许的情况下，尽量拉开游戏的场地，保证学生有一个宽敞的追逐空间。在游戏中，还可以尝试一下运球的同时，争夺"资源"。

小学篮球教学内容，涵盖了运、传、投等技术内容。小篮球也是学生十分喜爱的项目。在教学中，采用更多游戏的方式帮助学生学习体会篮球的技能，给同学们带来了很多乐趣与挑战。使学生在篮球技能与体能上获得双丰收。

游戏案例13：去赶集

【适合年级】

小学中低年级

【游戏方法一】

3人（A、B、C）一组，在起点后横排排好（以游戏照片中学生的站位和方向为例），C持球。游戏开始后，C右手原地运球3次单手击地传给B，然后C再跑到A的左侧等待接球，如此循环进行，直到最后一名同学通过终点，游戏结束。

如图13-1、13-2所示。

图13-1   图13-2

【游戏方法二】

5人（A、B、C、D、E）一组，在起点后横排排好，E和C持球。游戏开始后，E和C右手原地运球3次单手击地传给D和B，然后E再跑到A的左侧等待接球，D传完球后再跑到E的左边，如此循环进行，直到最后一名同学通过终点，游戏结束。

【游戏方法三】

3人（A、B、C）一组，在起点后横排排好（起点呼啦圈中放入等量的篮球），可多组同时进行比赛。C持球，游戏开始后，C右手原地运球3次单手击地传给B，然后C再跑到A的左侧等待接球，如此循环进行，直到最后一名同学通过终点将球放到终点呼啦圈中，而后3人跑回起点继续拿球游戏，待起点呼啦圈中的球都被运完游戏结束。哪组先完成哪组获胜。

【游戏规则】

　　3人之间距离不能超过一臂，若接球人没跑到位置，则运球者不能传球；游戏时统一同一只手运球、接球。

【游戏目的】

　　加快学生原地运球速度，提高击地传球的准确度。发展学生快速反应及移动的能力。培养学生团结协作的意识。

【温馨提示】

　　游戏时，学生会出现运传球后从身前跑和身后跑两种情况，教师可让学生自己实践、感受哪一种更适合自己，不必做统一规定。对于单手击地传球，教师要重点培养学生两点，一是让传球者学会控制传球力度与球的落点，让接球者更舒服地接好球；二是让接球者体会怎样单手接球，这在平时的教学中并未涉及，但在比赛中却经常会用到。当然，单手接球也是一种能力的体现。如果学生一时适应不了单手接球，可让学生双手接球单手传，待熟练后再单手接球。右手练完练左手。

【游戏思考】

　　协同配合是游戏中很关键的一步，往往由于同伴的种种失误而影响团队的进程。为了更好地组织游戏教学，让每一个小组做到团结协作，首先要做好基本功训练。如，二人的击地传球。球性是基础，技术是关键。游戏中，可以尝试在行进的路线上设置等距的固定点，每次向前移动时学生可以跑到固定点上，这样移动的速度加快，游戏的节奏也随之改变。

　　在选编篮球游戏时，教师必须紧密围绕每堂课的基本教学任务，让篮球游戏真正成为篮球基本技术教学的一部分，发挥其应有的作用。

　　另外，还要考虑到学生的年龄特点、性别、身体素质情况，考虑学生已经掌握的篮球基本技术、场地、器材设备和游戏时间的长短、参加人数的多少等情况，从而编选出不同难度的篮球游戏。在组织方法上应该尽可能简单易行，做到在较短的时间内取得较大的效果。

游戏案例14：烫手山芋

【适合年级】

小学中高年级

【游戏方法一】

3人（A、B、C）一组，在起点后横排排好，中间的B同学持球。游戏开始后，B把球给C，然后从C身后走，走到其右侧。C拿到球向中间走，并把球给A，然后从A身后走，走到其左侧。A向中间走把球给B，然后从B身后走，走到其右侧。如此反复进行，直到终点结束。

如图14-1、14-2、14-3所示。

图14-1　　　　　　图14-2　　　　　　图14-3

【游戏方法二】

3人（A、B、C）一组，在起点后横排排好，相距两米左右，中间的B同学持球。游戏开始后，B传球给C，然后从C身后跑，跑到其右侧。C向中间跑接到球，再传球给A，然后从A身后跑，跑到其左侧。A向中间跑接到球，再传球给B，然后从B身后跑，跑到其右侧。如此反复进行，直到终点结束。

【游戏方法三】

5人（A、B、C、D、E）一组，在起点后按顺序横排排好，中间的C同学持球。游戏开始后，C把球交给B，然后从B身后走，走到A的右侧。B向中间走，接到球后再交给D，然后从D身后走，走到E的左侧。D向中间走，接到球后再交给A，然后从A身后走，走到C的右侧。A向中间走，接到球后再交给E，然后从E身后走，走到B的左侧。如此反复进行，直到终点结束。

【游戏规则】

3个人相互给球时，球不能落地。若掉球，从掉球处重新开始。不要带球走步。第二种玩法要求使用双手胸前传接球的方法进行游戏。

【游戏目的】

提高学生快速反应能力，巩固学生双手胸前传接球技术，养成传完球就移动、跑位的习惯。培养学生团结协作的意识。

【温馨提示】

当学生已经掌握了双手胸前传接球的方法后，才能进行第二种玩法。此游戏的移动路线有难度，学生可能会出错，教师要耐心讲解、示范。学生体会游戏时也不要求速度，当学生掌握了"传谁球从谁身后走"之后，就可以要求学生的速度了。游戏过程中，外侧同学要有"向内包"的意识，而且第一种和第二种玩法要让学生尽量保持人在动，而球始终在一条直线上前进的效果。

【游戏思考】

移动中的换位是篮球战术的配合内容。在小学篮球游戏中，以移动中抛接球的形式，来让学生初步体验，并帮助学生建立战术移动换位的意识。教学中由于学生不理解移动的路线，而常常出现错误，教师不要急于求成，而是在场地上画出标志线帮助学生理解，等明确后可以进行移动中的练习。

跑是为了完成攻守任务而争取时间的脚步动作。移动主要是由跑来完成的，跑使移动的范围加大、速度加快、效果明显。所以说，跑是移动得以实现的主要手段。

交叉换位是指比赛中进攻队员为了摆脱对方的防守，在跑动中左右换位的战术配合方法。交叉换位最常见的有：左侧的队员疾跑到右侧有球队员前接球，右侧队员传球后，交叉跑到左侧位置。

游戏案例15：运球抛物

【适合年级】

小学中高年级

【游戏方法一】

两人一组，一名同学在"田"字格内原地运球，另一名同学在与之相距两米左右的位置抛接沙包，抛接5次后，两人交换角色再游戏。

如图15-1所示。

图15-1

【游戏方法二】

两人一组面对面，可多组进行比赛，各自在"田"字格内原地运球，并用无球手抛接沙包，哪组先完成规定的抛接次数哪组获胜。

【游戏方法三】

两人一组，一名同学在"田"字格内原地运球，另一名同学在与之相距两米左右的位置抛接沙包，分别在运球同学的前、后、左、右4个点上抛接沙包，运球同学要随时转变方向，面向抛沙包者，每个点抛接两次，完成后两人交换位置继续游戏。

【游戏规则】

运球不看球；两人抛接沙包准确；若丢球或掉沙包，捡回来继续游戏。

【游戏目的】

通过运球抛物游戏可以有效解决学生低头运球的问题；巩固学生原地运球时脚的基本站位，提高手的控球能力。

【温馨提示】

此游戏难度较大，教师首先要教会学生如何准确地抛接沙包，在非运球状态下把沙包抛接准了，才能更好地运用到游戏中。待学生熟练后，让两名学生边运球边抛接沙包，这种玩法对两个人的运球能力和抛接沙包的能力要求更高，掉沙包、丢球现象会比较多，教师不必着急，给学生点时间。最后，一人原地运球，另一个人跑动换位与之抛接沙包，运球同学无论脚下怎么移动都要保持原地运球的站位、保证球的落点准确，进一步巩固了原地运球技术。

【游戏思考】

抛接物只是一种提升学生运球能力的方法，练习中，运球学生随时要注意对面抛来的沙包。在教学中，抛接者可以沿着顺时针或逆时针旋转进行抛接沙包练习，进一步增加练习的难度。形成月球围绕地球转的情景，激发学生的练习兴趣。

在游戏中，教师在关注学生抛接沙包的同时，更要关注学生脚步的移动，做到上、下肢协调配合。游戏教学要加强组织。为达到较好的游戏效果，教师课前要认真钻研教材、教法，备好课，做好一切准备工作，以充分应对可能出现的问题。游戏竞赛要考虑趣味性，在分队比赛时，学生水平要相近，人数要相等，以便更好地发挥游戏的作用，提高趣味性。游戏讲解示范是教学的重要环节。因此，讲解必须简练、明确、易懂、突出重点。示范要正确、生动、形象、逼真。

游戏案例16：运球砸地鼠

【适合年级】

小学中高年级

【游戏方法一】

4人一组，3名同学当"地鼠"，在各自的方格内原地运球，另一名学生在方格外运球，砸他们露在方格外的影子。方格内的学生要始终保持运球状态，"地鼠"在躲避被砸影子时可蹲着运球，但不得超过3秒钟。被砸到的"地鼠"（到方格外）与砸"地鼠"者共同砸剩下的"地鼠"，直至"地鼠"全部被消灭。

如图16-1、16-2所示。

图16-1   图16-2

【游戏方法二】

4人一组，3名同学当"地鼠"，在各自的方格内原地运球，另一名学生在方格外运球砸他们露在方格外的影子。方格内的学生要始终保持运球状态，"地鼠"在躲避被砸影子时可蹲着运球，但不得超过3秒钟。被砸到的"地鼠"（到方格外）与砸"地鼠"者交换角色，继续完成砸"地鼠"的任务。

【游戏方法三】

4人一组，3名同学当"地鼠"，在各自的方格内双手原地运球，另一名学生在方格外运球砸他们露在方格外的影子。方格内的学生要始终保持运球状态，"地鼠"在躲避被砸影子时可蹲着运球，但不得超过3秒钟。若有一只"地鼠"完成了连续运球30次，且没被砸到影子算"地鼠"队获胜，反之，算失败。

【游戏规则】

方格内的学生运球时身体任何部位不得触及方格外的地面；砸"地鼠"的学生要始终运球移动寻找机会。

【游戏目的】

提高运球学生的观察、判断能力；巩固原地高、低姿运球技术。

【温馨提示】

此游戏还可以增加"地鼠"的数量，增大砸"地鼠"者的移动距离。最后让"地鼠"运两个球，提高学生的球性。

【游戏思考】

反应能力是球类项目的一个重要能力点，所以在运球中如何有效摆脱防守、如何有效躲闪，是运球学生应积极提升的地方。在日常游戏中，利用砸影子的方法进行砸"地鼠"活动，有效地提高了游戏的兴趣。

体育游戏因具有趣味性、娱乐性、健身性和竞争性等特点，而在体育教学训练和全民健身中广受欢迎，发挥着重要作用。篮球游戏不仅具有一般体育游戏的功能，还有其自身固有的特性和规律。现代篮球运动的本质就是活动性游戏，通过百余年的演变才逐步成为一项竞技运动。因此，合理而科学地在篮球教学中运用篮球游戏，能取得事半功倍的教学效果。

游戏案例17：抢救伤员

【适合年级】

小学中高年级

【游戏方法一】

两名同学为一个救护小组（前后站），安排单数个学生作为"伤员"。游戏开始后，两个救护小组运球抢救伤员，到达指定区域后，将无球"伤员"(主动到救护人员之间)安置在中间，运球返回起点将"伤员"放下，再去抢救其他"伤员"，直至"伤员"全部被救出，哪组所救"伤员"数多哪组获胜。

如图17-1所示。

图17-1

【游戏方法二】

两名同学为一个救护小组，手拉手各运一球，多个救护小组同时救援，"伤员"站在中线上。游戏开始后，各救护小组运球抢救"伤员"，到达指定区域后，将无球"伤员"(主动到救护人员之间，与救护者手拉手)安置在中间，运球返回起点，将"伤员"放下，再去抢救其他"伤员"，直至"伤员"全部被救出，哪组所救"伤员"数多哪组获胜。

【游戏方法三】

两名同学为一个救护小组，安排单数个学生作为"伤员"，"伤员"站在篮球场的一条边线上原地运球。游戏开始后，各救护小组从另一条边线处出发，运球抢救"伤员"，到达对面边线后，将"伤员"(主动到救护人员之间)安置在中间，"救护者"和"伤员"共同运球返回起点，然后将"伤员"放下，再去抢救其他"伤员"，直至"伤员"全部被救出，哪组所救"伤员"数多哪组获胜。

【游戏规则】

前后站的救护小组，在运球过程中，后面同学要保证至少有一只手扶在前面同学肩膀上；手拉手运球的救护小组，手不能分开。若丢球，要立即捡回继续游戏。

【游戏目的】

提高学生合作运球的能力，增强默契度，提高行进间运球的速度；培养学生帮助他人的意识。

【温馨提示】

提示学生，救护小组距离哪位"伤员"近，哪位"伤员"就主动到他们之间去，避免出现争抢"伤员"的现象。待学生熟练后，根据班级人数可增加每次抢救"伤员"的人数。最后抢救有球"伤员"，"救护者"与"伤员"共同运球返回起点，增大了合作运球的难度。

【游戏思考】

引入生活情境是日常体育教学的常见方法，教学情境取决于生活资源。"伤员"能不能顺利到达安全场地，需要救护队员的有效保护，运球中二人要协调配合好。可见教学中，教师更应注重对学生立德树人的教育，培养学生团结互助的意识，做一个有爱心、有责任心的好少年！

小学篮球游戏化教学，促进了篮球成为一项具有游戏品质、竞技特色和健身效应的综合游戏竞赛形式。选择丰富多彩的游戏化教学内容，形式多样的游戏化教学手段，生动活泼的游戏化学、练方式，主动适应学生的心理发展水平、生理负荷要求和活动方式期待，实现了运动技能学习和灵活运用合一，体能练习与游戏竞赛合一，情感意志培养与课堂情境合一。

游戏案例18：贪吃蛇

【适合年级】

小学中高年级

【游戏方法一】

把半（整）块篮球场作为游戏区域，4个角各站一条"小蛇"（持球队员），场地内有很多原地运球的"小动物"。游戏开始后，4条"小蛇"开始运球吃"小动物"，被吃掉的"小动物"，将作为"小蛇"身体的一部分（一只手扶前面同伴的肩膀，共同运球前进）继续吃剩下的"小动物"，直至所有"小动物"全部被吃完。最后，哪条"小蛇"的体型最长哪组获胜。

如图18-1所示。

图18-1

【游戏方法二】

把半（整）块篮球场作为游戏区域，4个角各站一条"小蛇"（持两个球），场地内有很多原地运球的"小动物"。游戏开始后，4条"小蛇"开始运球吃"小动物"，被"小蛇"头顶到的"小动物"，将作为"小蛇"身体的一部分（一只手扶前面同伴的肩膀，共同运球前进）继续吃剩下的"小动物"，直至所有"小动物"全部被吃完。最后，哪条"小蛇"的体型最长哪组获胜。

【游戏方法三】

把半（整）块篮球场作为游戏区域，4个角作为"老家"各站一条"小蛇"（持球队员），场地内有很多双手运球的"小动物"（可移动）。游戏开始后，4条"小蛇"开始运球吃"小动物"，被"小蛇"吃到的"小动物"要返回该条"小蛇"的"老家"双手原地运球，直到所有的"小动物"全部返回了"老家"，游戏结束。最后，哪条"小蛇"的老家里"小动物"最多哪条"小蛇"获胜。

【游戏规则】

"小蛇"只有运球才能移动，方法一和方法二中，除了"蛇头"其他人必须一只手扶前面同学肩膀，另一只手运球。方法二中"小蛇"要用头顶"小动物"。若丢球，要立即捡回再游戏。

【游戏目的】

提高学生原地运球和行进间运球的能力；培养学生团结合作的意识。

【温馨提示】

做此游戏时学生要有一定的行进间运球的能力。这是一个多人进行的游戏，对于"小动物"的数量不做特殊要求。让"小动物"双手运球有难度，所以允许他们移动，此时"小蛇"运一个球更便于移动，吃到"小动物"后不便于组成身体，因此要放回"老家"储存。当然，在实际教学中，教师要根据学生的人数和运球能力选择场地大小和适合的玩法。

【游戏思考】

电子游戏的情景呈现在体育教学中，十分适合学生。这与他们非常接近，让学生亲身体验电子游戏的环节其乐无穷。让孩子们在团队配合中、在游戏教学中提升自身篮球运球技能。

在体育教学中可运用不同的方法和形式创设问题情境，使学生能够产生"生疑"的动机，发展创造思维。所以，教师应在上课前精心设计、巧布场地，把体育器材合理地布置在显眼的位置上，加上老师的语言情境，让学生发现问题。

在体育教学中，精心创设适合学生活动的情境，不仅可以激发学生的学习欲望，让学生在乐中学、趣中练，由兴趣变志趣，即激"情"、激"趣"、激"志"，从而扩展其体质、个性、能力发展的自由；同时可以使学生在一定情境中受到美的熏陶，并潜移默化地获得知识、技能与身体的发展，从而形成良好的学习习惯与心理素质，达成在快乐中求发展，在发展中求快乐的学习目标。

游戏案例19：小青蛙过河

【适合年级】

小学中高年级

【游戏方法一】

根据人数将学生平均分成几个队，"小青蛙"们根据地上图形的提示选择单脚落地或双脚落地来过河。到达对岸后，同样的方法返回起点，与后面的伙伴形成接力。哪个队先完成哪个队获胜。

如图19-1、19-2、19-3所示。

图19-1   图19-2   图19-3

【游戏方法二】

根据人数将学生平均分成几个队，每队再平均分成两组分站两边，"小青蛙"们根据地上图形的提示选择单脚落地或双脚落地来过河。到达对岸后，与对面的伙伴右手拍右手形成迎面接力。哪个队先完成哪个队获胜。

【游戏方法三】

"小青蛙"运球过河，遇到一个方格时单脚踏地向前跳，同时运球一次，双脚落在前面的"田"字格内，此时篮球刚好弹起，"小青蛙"迅速双手持球，用力向上跳，原地落下。依照此法继续游戏。

【游戏规则】

遇到一个小方格单脚落地在方格内，遇到"田"字格双脚落在"田"字格内，双脚落地要平行站立。

【游戏目的】

学习一步急停技术。初步体验一步急停投篮的步法。发展学生下肢力量，提高上、下肢协调配合的能力。

【温馨提示】

游戏时，因为学生们的身高和跳跃能力不同，会有学生不能准确地落在方格内，教师不必强求，只要学生记得什么时候单脚落、什么时候双脚落即可。最后，设计了运球一步急停的练习，这种玩法难度较大，可让学生慢慢领会，为后续学习一步急停投篮技术做准备。

【游戏思考】

通过前期的无球练习，学生已经熟悉了一步急停的动作方法，然后让学生运球急停练习，进一步熟悉、巩固运球和急停的衔接动作。

游戏中，学生熟悉脚步急停以后，外侧可以有一位同学负责传球。当外侧传球人传球时，练习者迅速做出急停动作并接球，接到球后再传回继续做急停动作。

急停动作分为跨步急停和跳步急停。跨步急停，先跨出一大步，脚跟着地，重心下降并向内侧转体，用脚掌内侧蹬地急停，屈膝半蹲身体重心落在两脚之间。动作口诀：一步前跨身后仰，二步落地体侧转。抬头屈膝臂不张，撑地要靠内侧掌。跳步急停，单或双脚起跳，落地时两脚同时着地屈膝半蹲，重心保持在两脚之间。动作口诀：跳起空中稍后仰，同时着地双脚掌。屈膝后坐肘微屈，重心稳放两脚上。

游戏案例20：交换阵地（以右手为例）

【适合年级】

小学中高年级

【游戏方法一】

两位同学站在各自的"田"字格内，"田"字格两侧由两个长方形连接。两人在"田"字格内同时原地运球5次后，从无球手一侧的长方形内徒手跑动至对方阵地，交换阵地后再运球5次，然后继续交换阵地运球，如此反复进行。

如图20-1、20-2、20-3所示。

图20-1 　　　　　　　图20-2 　　　　　　　图20-3

【游戏方法二】

4名同学一组，围成一个正方形，相距3米左右，均右手原地运球。听到哨声后4个人按顺时针方向徒手转移一个位置，去运下一个同伴的球，按照此法听哨声进行游戏。

【游戏方法三】

4名同学一组，围成一个正方形，相距3米左右，均右手原地运球。听到哨声后4个人按顺时针方向运球转移一个位置，去下一个同伴的位置原地运球，按照此法听哨声进行游戏。

【游戏规则】

玩法一要在长方形内徒手跑动至对方阵地。在"田"字格内的5次运球，要两人一起边运球边数数。第二、第三种玩法要听哨声按顺时针方向转移位置练习。

【游戏目的】

巩固原地高运球技术，发展学生快速奔跑的能力。增强学生短距离运球移动的能力。

【温馨提示】

刚开始游戏时，原地运球的次数可设定为8次，让学生有足够的时间来调节运球节奏，待熟练后可减少运球次数。运球后的徒手跑动要强调向无球手一侧跑，也可以让学生用左手指出无球跑动的方向，避免相撞，发生危险。后两种玩法在跑动路线上还需要花时间让学生熟练，短距离运球移动强调反应、不强调运球移动的速度，待学生熟练后再要求速度。右手练习完记得练左手。

【游戏思考】

起动：用起动方向异侧的脚掌内侧迅速用力蹬地，同时用腰部力量带动身体重心。在游戏中教师要强调起动的时机，反应要迅速、敏捷。

在教学与练习中，应把移动的突然性、快速性、灵活性作为重点，并在移动练习时强调基本站立姿势，增强学生的观察和判断能力，提高移动和战术意识。

游戏案例21：火星四射

【适合年级】

小学中高年级

【游戏方法一】

平均分成几个队，每队前面有一列方格，每人一球。游戏开始后，第一名同学开始在有小星星的格内运球，去时右手运球，回来时左手运球，在个别有小星星图案的上方设置高度障碍，模拟篮球实战，让学生遇到障碍时原地低运球3次。运回到起点后与下一位小伙伴球碰球，下一位同学继续做，做完的同学排到队尾，哪一队先完成哪一队获胜。

如图21-1、21-2所示。

图21-1　　　　　　　　　　　　图21-2

【游戏方法二】

平均分成几个队，每队前面有一列方格，每人一球。游戏开始后，第一名同学开始沿着方格运球，每格运一次，遇到小星星原地低运球3次，去时右手、回来时左手，运回到起点后与下一位小伙伴球碰球，下一位同学继续做，做完的同学排到队尾，哪一队先完成哪一队获胜。

【游戏方法三】

平均分成几个队，每队平均分成两组分站在一列方格（在其中两个方格内画小星星图案）的两边，每队第一名同学拿球。游戏开始后，第一名同学开始沿着方格运球，每格运一次，遇到第一个小星星时转身换手运球，到达起点再转身换手运球，当遇到第二个小星星时转身换手运球，当再次遇到第一个小星星时再转身换手运球到终点，把球交给对面的小伙伴，对面的伙伴用同样的方法运回起点，形成迎面接力，哪一队先完成哪一队获胜。

【游戏规则】

第一种游戏方法学生只能在有小星星的方格内运球，遇到障碍低运球。第二种方法遇到小星星原地低运球。第三种方法要折返运球，路线不要错。

【游戏目的】

用砸小星星的方式巩固低运球和高运球的技术动作，同时体会急停急起过人的时差感。

【温馨提示】

此游戏有多种变化，一是运球手的变化，始终用一只手运球或两手交替；二是运球方向的变化；三是运球次数的变化，可以只在有小星星的格里运球，也可以在空白格里运一次球，在有小星星的格里运3次球；四是高、低姿运球的变化，可以始终是一种运球，也可以两种运球混合。教师可根据学生的实际能力重新组合进行练习。（可用绳梯代替方格）

【游戏思考】

利用场地上的标志"星星"，是一种强化高、低姿运球的方法。除此之外，还可以让学生做迎面运球相遇后二人做"石头、剪刀、布"，体会高、低姿运球的方法。或者学生按照一定的间隔排成一路纵队，每人一只手臂侧平举，然后练习者直线运球，依次通过每一位同学的手臂，从而体会连续重心变化的直线运球，既"钻山洞"。

高、低姿运球是本游戏的重点环节，教学中应不局限于原地的高、低姿运球技术的体会与学习。应结合多种游戏的方式，多种连续"障碍"的形式，让学生在运动中体会高、低姿的转换。让学生体会到动作的变化是根据实际的需要而自然转换的。

游戏案例22：急停急起运球

【适合年级】

小学中高年级

【游戏方法一】

学生根据场地上的图形选择运球方式，遇到一列方格采用直线运球，遇到"田"字格在格内原地低运球3次，然后再次启动运球，谁先到达终点谁获胜。

如图22-1、22-2所示。

图22-1   图22-2

【游戏方法二】

多名学生一组，在篮球场端线后排好，学生听到哨声快速直线运球，再听到哨声急停原地运球，当哨声再次响起，学生启动、快速直线运球，如此听哨声练习。

【游戏方法三】

多名学生一组，在篮球场端线后排好，教师站在对面端线上。游戏开始后，教师面向学生，学生则快速直线运球，教师背向学生，学生则急停、原地运球，当教师再面向学生，学生就启动快速直线运球，如此反复练习。

【游戏规则】

运球时按照运球的标准动作进行游戏。根据图形选择运球方式；听哨声急停急起运球；看教师面向、背向练习，急停急起要突然，启动速度要快。

【游戏目的】

巩固高、低运球的技术动作，体会急停急起运球过程中手按压球的位置的变化，急停时手按压球的前上方（或正上方），急起时按压球的后上方；提高学生快速运球的能力；培养学生运球的节奏以及提高手控球的能力，增强球性；提高学生的应变能力。

【温馨提示】

刚开始游戏时，让学生按格运球，每格运一次。待学生熟练此项技术后，再要求学生少运球，多迈步（但不能走步）。当学生掌握了急停急起运球技术后，要让学生脱离方格，将技术动作内化于心。听哨声练习能增强学生的反应能力；看教师面向或背向能培养学生运球不看球的好习惯。

【游戏思考】

教师在组织游戏时，要给予学生一定的自由活动空间，让学生在场地上自由运球，利用突发信号让学生迅速做出相应动作；教师还可以在场地上安排"大灰狼"。"大灰狼"固定在某个位置，不能移动，其余学生散点运球，通过大灰狼的封锁。熟练后还可以加大难度，"大灰狼"可以移动追捕"小猎物"，进一步增大游戏挑战性。

该项技术不是单一的技术内容，而是考验学生对技术的掌握及综合运用的程度。教师要多结合突发信号，利用富有挑战性的练习，来提高学生急停急起运球的能力。让学生准确判断起、停的时机，把握场上情况，并迅速做出正确的判断。

游戏案例23：三绕环

【适合年级】

小学中高年级

【游戏方法一】

学生双手控制球，一次绕过颈部、腰部和膝关节，形成三绕环，在规定时间内完成次数多者胜。

如图23-1、23-2、23-3所示。

图23-1   图23-2   图23-3

【游戏方法二】

学生两人一组面对面站好，一名学生站立（无球），另一名学生双手控制球，绕过同伴的颈部、腰部和膝关节，形成三绕环，完成后两人互换角色，两人都完成算一次，在规定时间内完成次数多的组胜。

【游戏方法三】

学生双手控制球，一次绕过腰部、胯下右腿、胯下左腿，形成三绕环算一次，在规定时间内完成次数多者胜。

【游戏规则】

绕环过程中球不能落地。第一种玩法：球连续绕过颈部、腰部和膝关节算一次；第二种玩法：球绕过同伴的颈部、腰部和膝关节算一次；第三种玩法：球绕过腰部、胯下右腿、胯下左腿算一次。若出现失误，则重新计数。

【游戏目的】

体会球的方位，控制球的旋转，强化手指、手腕及肢体的本体感受。

【温馨提示】

第一、第二种方法可以有两种绕环顺序，一是上—中—下循环，二是上—中—下—中—上循环。第三种方法，学生在练习时，要先站成马步，方便腰绕环和胯下绕环的连接。游戏初期，丢球现象会比较普遍，教师要鼓励学生多练。教师可根据计数方法选择绕环方式。除了计数玩法，还可以让学生模仿老师的动作，减少眼睛的帮助，提高球性。

【游戏思考】

游戏中先从学生个体练习开始，从简单的动作绕环开始。然后逐渐过渡到二人一组，4人一组，从简单动作到组合动作逐渐过渡。

例如，学生二人迎面原地运球，边运球边做石头、剪刀、布游戏，输的一方做三绕环动作。

例如，学生二人一组，一人提问航空博物馆在几环？另一名学生用绕环的形式回答。

球性练习是日常篮球教学的基础，做游戏也需要学生有较好的控球能力。单一的球性练习很枯燥，让学生感到乏味。以游戏串联的形式、以回答问题的形式巧妙组合，改变传统游戏的形式，激发学生的练习兴趣。

游戏案例24：一气呵成

【适合年级】

小学中高年级

【游戏方法一】

学生行进间运球，每运一次球越过一个"飞碟"，连续越过多个"飞碟"（学生根据自己的身高与实际运球能力调整"飞碟"之间的距离），可多人多组同时进行比赛，哪组先完成哪组获胜。

如图24-1所示。

图24-1

【游戏方法二】

学生行进间运球，每运一次球砸一个"飞碟"，连续砸多个"飞碟"（学生根据自己的身高与实际运球能力调整"飞碟"之间的距离），可多人多组同时进行比赛，哪组先完成哪组获胜。

【游戏方法三】

以篮球场地的两条端线为起点线和终点线，多名学生一组进行运球比赛，学生完成行进间运球的过程中，以不丢球并且运球次数少的人获胜。

【游戏规则】

第一种方法要求人从"飞碟"侧面走（跑），球从"飞碟"上面过。第二种方法要求球砸在"飞碟"上。不得出现犯规、违例的现象。

【游戏目的】

让学生在不犯规、不违例的情况下、完成快速运球推进的任务，主要体验直线运球的快速性与直线性，突出直线运球的技术特点。同时提高学生直线运球的能力。

【温馨提示】

做此游戏时，学生的直线运球技术已经掌握得很熟练了，让学生自己调整"飞碟"的距离是让学生对自己的能力有一个认知和判断，从而在比赛中能够做到"知己知彼"。初期让学生自己调试几次，待学生清楚自己的能力后，教师可在原有基础上增大距离，让学生超越自己、争取更好，从而提高学生快速运球的能力。第三种玩法鼓励学生在不丢球的情况下少运球多迈步（但不走步），从而增大运球跑动的步幅和步频。

【游戏思考】

　　"飞碟"引导，直线运球。游戏中以4人为一小组，利用4个"飞碟"等距摆放，然后运球依次通过。还可以调整这些点的位置，如4个点的正方形，8个点的"U"字形等。充分利用这些点进行路线的变化，增加游戏挑战性。因此，在游戏教学中，要深入理解"飞碟"这个点和"飞碟"形成线的关系，巧妙安排游戏内容。

　　直线运球中，利用小"飞碟"可以更好地帮助学生理解推球后上方的触球部位，让球从"碟"上越过。直线运球是小学篮球教学的常见内容，熟练运用对学生今后篮球技能的提升有很大帮助。教师可以借助多种游戏的形式，提高学生控球技能，从距离上、时间上、障碍上不断地施加难度，提高学生的练习兴趣。

游戏案例25：铁环击地传球

【适合年级】

　　小学中高年级

【游戏方法一】

　　学生两人一组，两人之间放两个铁环（距传球者三分之二处）。击地传球时，学生向前下方用力将球传出，并让球落在指定的铁环内，完成击地传球。

　　如图25-1、25-2所示。

图25-1　　　　　　　　　　　图25-2

【游戏方法二】

将学生平均分成两组，分站两边，在两组之间放两个铁环（距传球者三分之二处）。第一名学生持球，击地传球给对面的同伴，让球落在指定的铁环内，传完球后排到本组后面，下一名同伴准备接球，形成接力。

【游戏方法三】

学生两人一组，两人之间放两个铁环（距传球者三分之二处）。持球者先原地运球几次，然后再传球，击地传球时要让球落在指定的铁环内，反复进行练习。

【游戏规则】

使用规范的击地传球动作完成游戏，必须让球落在指定铁环内（铁环分别在两人之间，距离传球者三分之二处）。

【游戏目的】

熟练击地传球的动作方法，牢记击地传球的击地点，学会衔接好运球与传球动作。

【温馨提示】

本游戏以巩固击地传球技术为主，刚开始可以近距离传球，当学生能够让球准确地落入铁环中之后再增大传球者之间的距离。

【游戏思考】

游戏中，借助铁圈作为击球点的标志，让学生能够准确找到地面的反弹点。在实际比赛中，这个点不是固定的，是动态的。因此，在游戏中，我们可以进一步深化这个点，使之能改变位置。如一人给多人击地传球、采用同心圆的形式，里圈人不动、外圈人移动，做击地传球练习。让学生在动态练习中掌握击地传球技术。

击地传接球在实际运用中，更侧重隐蔽性和突然性。所以教学中，设计此类练习形式时，应充分考虑教学技术本身的特性。针对这样的特性来设计更多的、富有挑战性和趣味性的练习。

开展篮球游戏活动创编篮球内容

一、篮球游戏的界定

游戏是一种特殊的社会实践活动，伴随着人类社会的发展而产生。它是由人类的身心需要引发的，是人们自由选择以人类自身为对象，不产生社会意义产物的娱乐、健身活动的总称。《辞海》中对游戏这样解释：体育的重要手段之一，文化娱乐的一种。大多数人认为，游戏是人类活动的一种特殊活动形式。也就是说，"游戏"这个源远流长的古老话题，是一种代代相传的教育年轻一代的特殊活动形式。它的趣味性、竞争性对青少年有着很大的吸引力。也有学者认为，游戏的性质简单明了，游戏的本质是娱乐，它是一种简单化、趣味化的体育项目表现形式。根据游戏的分类，又可以将游戏分为不同的类型，体育游戏就是其中的一类，而篮球游戏又是作为体育游戏分类的进一步细化。《篮球大辞典》释义篮球游戏为："篮球运动的开始阶段，称为篮球游戏。"这说明篮球运动发展的初始阶段就是篮球游戏，而当篮球游戏以个体出现时，表明它会带有特定的目的、任务，并在特定的范围内实施教学训练的手段和方法。

李颖川认为，篮球游戏实质上是篮球运动教学训练的一种具体的练习手段和方法，或者说是作为篮球教学训练的一种辅助练习方法。它是把篮球运动的基本技术、战术以及身体素质训练等教学训练内容，按一定的目的、要求和特定的规则组织起来的、以使学生掌握篮球技战术为最终目的的特殊训练形式。它既不同于竞技体育的篮球运动训练，也有别于大众体育的趣味、娱乐游戏，而是带有强烈的篮球专项特点的练习方法。

孙轲认为，篮球游戏是运用与各种跑、跳、投等相结合的动作，在一定的目的和要求下，依照规则并组织起来的一种和篮球运动密切相关的专门性游戏。它既是体育活动的一种活动形式，也是篮球运动教学与训练内容的一部分。

综上所述，很多学者都在各自的角度对篮球游戏做了相关定义。我们根据目前研究认为，对篮球游戏的定义要根据教学对象的不同需求去考虑。篮球游戏是在教学与训练的过程中，将篮球运动项目游戏化，按照一定的目的、要求，使学生掌握篮球运动技术，提高身体素质，促进心理健康，培养体育兴趣爱好的辅助练习方法。

二、篮球游戏的创编

（一）明确游戏的目的任务

作为一个具体游戏，必须有具体任务。例如集中注意力，做准备活动，学习某种技术、战术和发展某项身体素质等。

（二）选择游戏素材

游戏素材要根据游戏的任务来选取。例如学习或复习篮球某种技术，可以以该技术动作巧妙地柔和到一个游戏中进行，尤其是篮球的一些综合性、对抗性较强的技术动作或战术配合更应如此。

（三）确定游戏方法

游戏方法的确定要进行充分的准备、确定好进行形式、队形及其变化，规定好活动范围及路线、接替方法和动作等。

（四）制定游戏的方法

游戏规则是保证游戏顺利进行，评定游戏胜负的依据。制定规则时，要注意：明确合理与规范，成功与失败的界限；指出对犯规者的处理方法。另外，规则要有利于维护游戏的安全，切记不可定得太多、太复杂，要留有让学生思考、创新的余地。

（五）明确游戏名称

给游戏命名要简单易懂，要能反映游戏的主要特征。

（六）创编篮球游戏应遵循的原则

1.既学又练的原则

体育游戏应具有健康和掌握技术、技能的功能。以篮球运动的基本技术动作、战术配合为素材创编篮球游戏，使学生在游戏中既能学习、掌握篮球技术，又能很好地锻炼身体、增强体质。这是提高学生篮球运动水平的重要原则。实践证明，篮球运动中有些需要反复练习的技术、战术动作或配合比较枯燥、单调，而篮球运动技能的获得，又必须通过无数次反复地练习，青少年注意力不易持久而造成练习效果不好也早为人们所共识。因此，把篮球技术动作和战术配合为素材创编成游戏，使学生在游戏中练习这些动作和战术配合，既免去枯燥感，又弄清在一般性联系中难以弄清的技术、战术运用方法，还有效地锻炼身体，如此"一举三得"即使反复多次他们也乐此不疲。但是在以篮球运动技、战术为素材的游戏中，学生往往会由于兴奋性高或求胜心切，出现不注重动作质量，甚至使动作变形的问题。因此，在创编篮球游戏时，尤其要注意从游戏规则上保证动作规格，使学生在好胜心和高质量的双重动力驱动下全力投入，认真做好这些练习，达到又学又练的目的。

2.趣味性原则

通俗地说，体育游戏的形式是采用丰富多彩的"玩"来进行的，这种游戏的竞争或竞赛往往包含了浓郁的娱乐因素，其内涵是要使学生的身心得到锻炼。可以说，趣味性是游戏有别于其他练习方法的重要方面。创编体育游戏时必须遵循趣味性原则，创编篮球游戏当然不会例外。篮球游戏这种"特殊的练习方式"，其趣味性更多地表现为具有较强的对抗、竞争性和竞赛。这种使人感到愉快的竞争、竞赛或对抗能有效地激发人的活力，调动人的潜在能力，游戏的成功者在胜利后享受到欢乐，游戏的失败者在失败后也不会有任何思想负担；而正是这种愉快的竞争或竞赛，构成了篮球游戏趣味性的重要来源。一般而言，游戏的竞争力越强，趣味性也就越大。实践证明，篮球教学训练的一些练习，如果运用竞争性的游戏形式来进行，往往能收获意想不到的效果。篮球游戏的趣味性，不仅在于它的竞争性，还在于创编者要设计和采用一些与日常习惯不同的或相反的动作、难以协调的动作、有惊无险的动作，逐步提高难度动作，还要设计、采用一些有趣的规则、奖罚方式以及启发学生开动脑筋的智力因素和临场情况设置等，以激发他们跃跃欲试的心情，从而全身心投入到游戏中，进而获得一种通过自己的努力而取得成功的满足感。

3.针对性原则

创编篮球游戏时，要针对教学训练任务、针对学生实际情况、针对教学训练客观条件，诸如场地、器材、设备、天气等，有明确目的性和针对性地根据需要创编。在篮球教学训练中运用和组织游戏，只是一种手段，其根本目的是使学生掌握技术、培养品质、发展与篮球有关的各种思维能力，绝不仅仅是为了活跃课堂气氛，让学生"玩"得高兴，愿意上课或训练。要全面完成这些任务就必须遵循针对性原则，使教学训练任务落到实处。

（七）创编篮球游戏的四个结合

1.针对性与全面性相结合

（1）篮球游戏具有针对性

篮球游戏不同于其他游戏，活动直接指向篮球的基本技术或技能。编创游戏，制订技能目标要明确，具有指向性。一个游戏完成一个技术点的目标，学生通过游戏不断地强化练习，形成篮球技能。针对性就是要求创编的单个篮球游戏关注解决教学中的技术点、易错点。

①关注技术要点。

创编游戏的最终目的是技术的学习和技能的提升。因此，必须关注技术点，以运球为例，平视前方、掌心空出、主动迎球下压等点共同构成篮球运球的技术要领。因此，在创编游戏时，要分解技术要领成多点进行。如，篮球游戏"小红帽"针对平视前方，学生头戴高高的硬质（小塑料标志筒）小红帽，低头运球时帽子就掉；"钢琴手"对应掌心空出，型似手握鸡蛋，下压触球手心自然空出等游戏，进行教学时可取得较好的教学效果。

②关注易错点和学困点。

学习篮球技术初期有易错点和学困点，低年级学生初学篮球时，力量小，单手拍球力度不够，很容易双手同时拍球，久而久之形成习惯；中低年级学生在对抗练习中，由于力度、速度、敏感度不够，控球能力弱，也普遍存在双手同时运球现象。根据传统游戏改编的"春播秋收"篮球游戏，以右手运球，左手持器材做播种和拾收动作，规范学生单手运球，形成良好的习惯。

（2）篮球游戏具有全面性

篮球运动技能包括运球、传接球、投篮、移动等基本技术（技能）形态。创编篮球游戏要一个技术多点共振，一项技能全面协同发展。

①全面性需多点共振。

创编运球游戏可以从单手拍球、高运球、低运球、前后变向控球、左右变向控球、直线运球、曲线运球等不同点做文章，每个点创编几个游戏，让多个点共同完成运球技术的学习和应用。

②全面性需协同发展。

针对目前部分学校小学生篮球教学的教材比较匮乏，系统性不强的问题，可以开发运球游戏、传球游戏、投篮游戏等，在教学中有机组合，加以练习，即可综合发展学生的篮球运动技能。

2.锻炼性与趣味性相结合

（1）篮球游戏具有锻炼性

篮球游戏是能够全面提高学生身体素质的实践练习，学生的力量、速度、耐力、灵敏、柔韧等能力在游戏中逐步提高。

①锻炼性具有实践意义。

身体素质提高总是通过应用技术实现的。篮球运动是一项发展综合体质的实践性运动项目，创编游戏不能达到发展学生身体素质目的，就丢失了运动的本色。以单手投球为例，不能以空洞的知识讲解代替活动过程，更多的是要求学生运用不同力度、不同距离、不同方向等形式体验投球，建立感性认知，把抽象的概念转化为具体形象的动作，使学生能够在较短时间内接受，并转化为自己的技术或技能，从而发展身体的各项素质。因此，在设计篮球游戏方法时，需要阐释清楚动作要领，否则就不能称之为教学游戏，不具有锻炼价值。

②锻炼性具有个性需求。

个性需求能够促进学生长时间保持注意力，形成良好的习惯。创编篮球游戏要充分考虑活动密度、强度，根据参与者的年龄、性别及实际活动能力等特点来确定相应的运动量、动作难度和活动方式，保障不同体质的学生得到锻炼，提高学生的多项机能。创编的教学游戏要能够从小激发学生练习的习惯，男生偏好对抗，女生相对文静，可以通过调节游戏的距离、数量来控制活动的难度和运动强度；男生天生喜欢篮球，但是女生不同，可是如果有了从小练习的习惯，高年级女生就不会厌倦篮球练习，能够接受竞赛的对抗性。

（2）篮球游戏具有趣味性

一味追求竞技、竞赛，对部分学生就会丧失吸引力。能够提高人的兴趣，吸引人主动参与，使人感到身心愉悦是篮球游戏追求的趣味性。

①趣味性在于激发学生学习的欲望。

学习原地运球"掌心空出"要点，最直接简单的方式就是让学生原地拍球一万次，学生在这一过程中腰疼了、腿硬了、手掌疼了、手臂疼了，吃不消了，自然会"投机"，掌心空出。采用简单粗暴方式虽然能够达到目的，可是学习效率低，浪费大量的时间，更重要的是伤害了学习兴趣，学生不能体会到篮球的锻炼价值，铭记的是篮球的疼，篮球的苦。教育是直接经验与间接经验相结合的，拍球一万次，是学生依靠直接经验得到技术，但是学生付出的代价太大，得不偿失。因此，在教学时，要能够借助游戏，激发学生的学习兴趣。例如，创编的"钢琴手"游戏，要求手指柔而轻，夸张的手指、手腕活动，有趣且具有艺术感，给学生艺术冲击，记忆深刻，学生学习欲望强烈，体验激情膨胀，学习起来就会苦中寻乐。

②趣味性在于实现参与者身心愉悦。

篮球游戏活动，提高学生参与性，促使学生身心愉悦，激发篮球锻炼价值，为学生广泛地接受，必需形式多样、规则简明、操作性强，在乐学的基础上学乐，在学乐的基础上发展。"打地鼠""碰碰车"是学生喜闻乐见的电玩游戏，受此启发创编的篮球游戏"踩地鼠"，通过踩鼠洞的方式，进行不同方向的折线转身，换手运球，重复练习变向动作，学习变向运球，学生参与度高，身心愉悦。

3.教育性与艺术性相结合

（1）篮球游戏具有教育性

学生在游戏中建立规则，遵守规则，所以开展教学游戏时要融入教育要求。篮球游戏应该结合篮球特色文化对学生进行教育。

①发展学生的体育核心素养。

学生在体育教学中体现的品德素养、体能素养，可统称为体育核心素养。创编游戏要结合教育教学要求，目的明确、规则清晰、方法科学，潜移默化地促进学生的政治素养、品德素养、体能素养综合发展。体育教学游戏发展学生核心素养的方式是其他学科不能替代的，合作、信任是篮球传接球教学游戏的基本要素，体现学生的社会参与和自主发展，遵守小组纪律、遵守小组规则能够形成鲜明的态度；克服困难、坚持练习、同伴协作、同伴包容能够形成优良品质；传球到位、传接敏捷能够发展学生身体的各项体能。

②挖掘篮球文化素养。

篮球游戏承担着教育的目的，承担着传播、传承文化素养的功能。创编篮球游戏，应充分利用学校的校园文化，比如班队活动、集体表演，可以展示花式篮球等，同时也为校园文化提供资源，丰富学校的校园橱窗等宣传阵地，启发学校教育理念。根据"投篮"提炼的"投入，只为更出色"即蕴含着篮球文化哲理，它还提供了学校、教师、学生发展的人生哲理。

（2）篮球游戏具有艺术性

篮球游戏追求内容的精干、编排的精巧，表现出独特的艺术的美感。

①艺术性追求形式多样。

篮球游戏创编可通过队形变化、器材组合等形式调动学生积极性，激发练习欲望。根据传统游戏改编的变向运球游戏"穿过小树林"属于队形变化；根据童话故事改编的低运球游戏"七个小矮人"属于器材组合；根据生活劳动改编的单手运球游戏"春播秋收"属于方式变化与器材组合。它们是从不同角度，挖掘运球的多个技术要点进行创编游戏，体现了篮球游戏的艺术性，学生乐学了，也学乐了。

②艺术性追求体育特质。

篮球游戏本质属性是体育教学，与音乐、美术表达艺术手法不同，体育的魅力在于充分体现动感。游戏过程中，学生不断追求青春阳光的美，游戏充满着体育动感的艺术吸引力。如，变向控球游戏"智取"，以两人（多人）行进间运球中相互拍掉对方篮球的形式调动肢体练习，运动量适宜，充满着动感与智慧。游戏名称还可以艺术化，以吸引学生注意力，引起学生兴趣。如一人接球后，传给不同方向、不同人的传接球，命名"火星四射"。

4.传承性与创新性相结合

传承可寻找教学游戏发展的轨迹，创新是教学游戏发展生存的必然。

（1）篮球游戏具有传承性

①传承性要吸取传统文化养分。

传统体育游戏有着几千年的文化积淀，是一个民族文化的缩影。传承传统游戏，不仅是传承游戏本身，也传承了民族文化、民俗文化，还提供了创新游戏的精神动力和创编游戏的智力支持。如，"老鹰捉小鸡"是学生喜欢的躲闪游戏，有着较高的锻炼价值和思想价值。借鉴其形式可以创编合作类游戏、防守类游戏、双人游戏、多人游戏，在游戏中发展学生的身体素质和思想素质。

②传承性要走进学生生活。

优秀体育游戏元素来源于生活。生活气息浓郁的游戏，能够激发学生学习的兴趣，有利于学生理解游戏的含义。如，针对低运球创编的"七个小矮人"，创编元素即来源于家喻户晓的故事《白雪公主》。

（2）篮球游戏具有创新性

①创新性要把握游戏实质。

传统掷准游戏在不同历史时期被创编成不同形式的游戏，随着计算机技术的发展，从现实又发展到虚幻世界，出现了"愤怒的小鸟"等游戏，此时游戏已经从发展投掷能力转化为发展综合能力。创新了人物设计，掷准的精髓却保留了下来。

②创新性要结合篮球基本元素

运球、传接球、投篮、抢球是篮球运动的基本元素，篮球游戏可以借鉴优秀的体育游戏元素，结合篮球元素创编游戏，创新设计游戏的目标和规则。通过具有针对性的教学游戏完成教学，提高教学质量。如，"叫号跑"是传统的田径游戏，移植到篮球游戏中，保留"叫号"元素，增加"篮球"元素，创编出"叫号运球""叫号传球""叫号投篮""叫号抢球"等篮球游戏。在运球、传接球、投篮、抢球游戏中分别挖掘教学点，设计教学目标。

三、篮球游戏的分类

篮球游戏现已发展为在内容、形式、功能上都非常全面的体育教学手段，其一般可以分为以下5种类型：教学类：移动、运球、传球、投篮、进攻性和防御性的战术游戏；体能类：力量、速度、耐力、灵敏的游戏；趣味类：跑跳、团队协作、反应类游戏；个人类：集中注意力、培养球性等游戏；团体类：追赶、接力游戏。

（一）教学类篮球游戏

教学类篮球游戏可分为以下4种类型：移动游戏：半场抢球、判断追拍、通过防线、你追我赶等；运球游戏：抢断运球、运球接力、运球追捕、运球拍击等；传接球游戏：圆圈追传、传球追触、上下传球、二人传两球等；投篮游戏：投假设篮、投篮晋级、投篮淘汰等。篮球运动属于技能主导类同场对抗性项群，技术教学在整个篮球教学过程中应是重中之重。在轻松的游戏状态下，可使队员更好地掌握规范的篮球技术，这可以大幅提升教学的质量。

（二）体能类篮球游戏

体能类篮球游戏体可分为以下4种类型：力量性游戏：猜拳俯卧撑（或蛙跳）、负重比赛、脚斗比赛、推人出圈、推小车等；速度性游戏：运球往返、追球比赛、沿线追拍等；耐力性游戏：多线运球往返、1分钟投篮比多、折返跑比赛等；灵敏性游戏：打龙尾、运球追拍、换位抢位、躲避传球等。在篮球比赛中不仅需要技、战术的灵活运用，同时也存在着激烈的身体对抗，所以体能也是一项重要的比拼内容（包括跑动能力、弹跳能力、反应能力、柔韧能力和协调能力等），而篮球教学中也可以通过篮球游戏来达到提高体能的目的。

1.力量性游戏

游戏可分输赢，输的一方需要进行一些"惩罚"，而"惩罚"可以是一些简单的力量训练，甚至可以在游戏中比拼力量。例如，猜拳分胜负，负方可做20个俯卧撑以锻炼上肢力量，也可安排15个蛙跳以锻炼下肢力量。

2.速度性游戏

速度性游戏在篮球游戏设计创编过程中，不仅是对篮球基本功的巩固练习，也是对篮球学习者体能方面的提高练习。

3.耐力性游戏

在篮球比赛中，关键时刻或决胜期运动员的耐力将是决定比赛胜负的关键因素。若耐力好，投篮的稳定性就高，防守的强度则相对较大，传接失误率也会降低。因此，提高运动员的耐力，将会对比赛的胜利带来积极的作用。

4.灵敏类游戏

在篮球比赛中，不仅要做好进攻，防守也不可忽略，而在攻防转换时，防守者需要有敏锐的判断和灵活的移动。开展灵敏类的游戏可以使参与者获得更强的防守能力，在防守端展现出更强大的自信与果断。

（三）趣味类篮球游戏

趣味类篮球游戏可分为以下3种类型。跑跳类游戏：钻山洞、跳山羊、"S"形追逐跑等；反应类游戏：贴膏药、喊数抱团、叫号追人等；团队协作类游戏：拉网捕鱼、圆圈接力、老鹰抓小鸡等。在紧张的环境氛围与疲惫的身体状态下，适度开展一些趣味性的游戏，能够维持参与者对篮球运动的兴趣，并从中体验成功的喜悦。

（四）个人类篮球游戏

个人类篮球游戏可分为以下两种类型。培养注意力类：双人抢球、叫号运球等；培养球性类：花式篮球，原地运球比快、比多等。每个队员都是团队的一分子，个人能力的提高是团队整体实力提升的重要因素。在日常的训练过程中，通过游戏的方法对队员个人能力进行提升，可以调节紧张的心理和单调的节奏，使队员在高强度训练中适当地得到放松，提高训练的效率与质量。

（五）团体合作类篮球游戏

团体类篮球游戏可分为以下两种类型。追赶类：抢投比赛、团队投篮比赛、团队运球折返跑比快等；接力类：折返跑投篮接力，上下、前后、左右递球比赛等。在篮球比赛中，要想通过合理的技术动作、精准的传接配合进行得分，队员之间的默契是非常重要的。而在教学过程中，可以改变传统的教学模式，将教学方法游戏化，以促进教学效果，提高教学质量。

篮球游戏案例（25例）

游戏案例26：地球围着太阳转

【适合年级】

小学中高年级

【游戏方法一】

学生两人一组，同时向前运球。一名同学扮演"太阳"做急停急起运球，另一名同学扮演"地球"做行进间运球，当"太阳"遇到红色圆纸片急停进行原地运球时，"地球"围着"太阳"运球一圈，然后两人继续向前运球。

如图26-1所示。

图26-1

【游戏方法二】

学生两人一组，可多组进行比赛，同时向前运球。一名同学扮演"太阳"做急停急起运球，另一名同学扮演"地球"做行进间运球，当教师吹哨"太阳"急停进行原地运球，此时"地球"围着"太阳"运球一圈，然后两人继续向前运球，等待下一次哨响。

【游戏方法三】

学生两人一组，一前一后各运一球。游戏开始后，前者原地运球，后者快速运球到同伴的前面，急停后原地运球，此时的后者也快速运球到同伴的前面，两人交替加速运球到同伴的前面，体验急停急起运球，到达终点游戏结束。

【游戏规则】

第一种、第二种方法要求"地球"始终跟随"太阳"运球。第三种方法两人交替急停急起运球，不要同时向前运球。若有一方出现失误，则另一方要原地运球等待。

【游戏目的】

通过多种方式的运球，提高学生行进间运球的能力，提高学生抬头运球的意识以及身体协调性。并运用游戏竞赛的形式激发学生的求知兴趣，在游戏中培养学生团结互助的合作精神。

【温馨提示】

刚开始做游戏时，可以先让学生徒手体会跑动路线，熟练后让"太阳"急停急起运球，"地球"徒手跑，最后让两人都运球体会游戏。为了让学生更好地理解此游戏，在专项准备活动中可让学生二人一组，原地体会"绕圈"运球，二人相互交换练习。

【游戏思考】

游戏教学中，可以采用动--静结合的形式进行。如选出4至6人，在场地上分散原地运球，其他同学自由在场地上运球，当与这几名同学相遇后，二人迅速做低姿运球，并围绕该同学进行旋转，抓住时机进行触碰对方球的练习，防守方失败后，二人位置进行互换。

此项游戏重点体会行进间运球技术，在教学中，行进间运球还要考验学生的场上观察、应变能力，多种形式的练习只是帮助学生进一步熟练运球技能。因此，在游戏教学中，更应帮助学生提升观察、判断、变向的能力。

游戏案例27：你追我赶

【适合年级】

小学中高年级

【游戏方法一】

学生两人（A、B）一组，面对面分别站在圆纸片上。A同学持球并掌握主动权。游戏开始后，A同学前后运球移动，B同学要随着A同学前后移动，并始终保持最初的距离，A同学在任意一次向前运球移动过程中将球传出，B同学接球后掌握主动权继续游戏。

如图27-1、27-2所示。

图27-1　　　　　　　　　　　　图27-2

【游戏方法二】

学生两人（A、B）一组面对面，在各自的圆纸片的2—3米后站好，A同学持球并掌握主动权。游戏开始后，两人同时向前跑，A同学运球、B同学伸手准备接球，跑到圆纸片上时，A同学将球传给B同学，B同学接到球后，两人后退到起点（A同学徒手、B同学运球），然后B再向前运球、传球，如此反复练习。

【游戏方法三】

学生两人（A、B）一组面对面，分别站在圆纸片上，A同学边运球边保持原地跑步的状态，B同学边伸手准备接球边保持原地跑步的状态，两人进行运球后传接球的练习。

【游戏规则】

第一种方法，两人必须运球前后移动，要保持固定的距离。第二种，两人要同时向前、向后移动。传接球时要使用标准的双手胸前传接球技术。不得出现带球走步违例的现象。若丢球，立即捡回，再进行游戏。

【游戏目的】

以多种技术融合的形式提高学生篮球技术水平，以组合运用的形式提高学生传接球与行进间运球技术，做到熟练衔接、灵活运用。此游戏能增强学生之间的配合能力及默契程度，感受体育运动带来的快乐。

【温馨提示】

此游戏是学生在学习了行进间运球和传接球技术之后开展的游戏，为了让学生的练习内容更好地与篮球实战相结合设计了此游戏，游戏中缩短衔接动作的时间是关键，练习时，可以让学生从接到球开始数数，直到将球传出，比谁用的时间短，从而达到熟练的目的。

【游戏思考】

在游戏教学中，让学生自由地运球，事先在场地上安排6—8人固定在场地上等待传接球，教师突发信号后，运球学生快速找到传接球的伙伴并进行原地传接球练习，没有找到的人则做原地运球练习。

单一技术的学习比较枯燥，不能发挥学生的创造性能力。因此在教学中，要改变传统的、单一的教学形式，采用技术＋游戏＋素质综合练习的形式，让学生在动态的教学环境中学习，让学生学有所获。

游戏案例28：如影随形

【适合年级】

小学中高年级

【游戏方法一】

学生4人（A、A′、B、B′）一组，A、B站在自制圆纸片上，一边两名同学并面向中间站立。A同学持球。游戏开始后，A同学向右运球移动，此时其余3人均随着A徒手移动，移动到另一个圆纸片上后，A同学将球传给对面的B同学，而后站到本方A′同学的后面。B同学接球后，向其右侧运球至初始点，其余3人跟随，到达指定地点后，将球传给对面的A′同学，而后站到本方B′同学的后面，如此连续进行游戏。

如图28-1所示。

图28-1

【游戏方法二】

多名学生（6人以上）一组分站两边，依照方法一的玩法，运球者传完球后站到本方排尾，并徒手跟随跑动。连续进行游戏。

【游戏方法三】

学生4人（A、A′、B、B′）一组，A、B站在自制圆纸片上，一边两名同学并面向中间站立。A同学持球，游戏开始后，A同学向右运球移动，此时其余3人均随着A徒手移动，移动到另一个圆纸片上后，A同学再向左运球返回起点，再将球传给对面的B同学，而后站到本方A′同学的后面。B同学接球后向左运球到圆纸片上后，再向右运球返回接球点将球传给对面的A′同学，而后站到本方B′同学后面，如此连续进行游戏。

【游戏规则】

一人运球，其余3人（或多人）跟随。传完球要站到本方同学的后面。不得出现带球走步的现象。

【游戏目的】

借助脚步移动技术，衔接好传接球与行进间运球技术，提高学生篮球基本功，进一步提高学生综合运用篮球技术的能力。培养学生顽强拼搏的精神以及团队配合的能力。

【温馨提示】

游戏初期学生可能会出现跑位脚步混乱的现象，教师要耐心讲解。课堂中要让至少一组学生进行示范。刚开始游戏时不强调移动速度。此游戏还有一个特点就是参与者都在动，教师要控制好游戏时间，避免学生疲劳。若要同时向A、B方增加相同人数进行游戏，可以增大横向圆纸片的距离，适合人多球少的学校进行教学。

【游戏思考】

游戏中首先从简单练习开始，如4人一组，一路纵队第一人先开始上前原地运球，第二人超越第一人后在第一人前面原地运球，依次类推。然后再进行游戏方法一、二、三的练习，逐渐增加游戏组合的内容。

如影随形，侧重点是在运球中提升学生的观察能力、综合技术的提升能力。

所以在教学中运用组合技术的学习，增加了学习的内涵，更多强调的是运用与能力的提升。

游戏案例29：123木头人

【适合年级】

小学中高年级

【游戏方法一】

多人一组进行游戏，教师（或一名学生）在前面背向大家说"1、2、3，木头人"，其他学生趁其未回头之时运球逼近他，当他回头时其余学生要原地运球，若被发现移动的人被其点名，则要回到起点重新开始，有人成功碰到教师游戏结束。

如图29-1所示。

图29-1

【游戏方法二】

多人一组进行游戏，教师（或一名学生）在前面背向大家说"1、2、3，木头人"，其他学生趁其未回头之时地滚球逼近他，当他回头的瞬间，学生们要停在原地，若有人移动，并且被教师点名了，则那名学生要回到起点继续游戏，直到有人成功碰到教师，游戏结束。

【游戏方法三】

多人一组进行游戏，教师（或一名学生）在前面背向大家说"1、2、3，木头人"，其他学生趁其未回头之时运球逼近他，当他回头的瞬间，学生们要换手原地运球，若有人没换手运球或移动了，并且被教师点名了，则那名学生要回到起点继续游戏，当学生们再次前进时，要用换了的手继续运球。教师每回头一次，学生们换手运球一次，直到有人成功碰到教师，游戏结束。

【游戏规则】

因运球移动或没换手运球，而被点到名字的学生要自觉返回起点继续游戏。若游戏时出现丢球的现象，要及时捡回，返回起点继续游戏。

【游戏目的】

巩固学生直线运球技术，培养学生快速灵敏反应能力，提高学生地滚球的能力，增强手感。

【温馨提示】

这个游戏人数多时场面容易混乱，教师要提示学生自觉遵守游戏规则。随着游戏的进行可根据学生的能力选择右手运球、左手运球、两只手运球。为了增添趣味性，还可以让说"1、2、3，木头人"的人变换语速，时快时慢，让大家抓不住规律。

【游戏思考】

提高学生的反应、观察能力是行进间运球的关键环节，游戏教学中要抓住技术的要点。借助游戏方法一、二、三中的内容，在突发信号后，迅速让学生转变技术动作，提高学生快速反应的能力。

游戏中还可以通过控制距离、增加游戏难度。如，学生两人迎面相距15米，其中一位学生听到信号后要快速运球到对面，教师要在15米内突发两次信号——"1、2、3，木头人"，然后看哪些学生没有到达对面。

此项游戏内容集高、低姿运球、行进间运球、运球急停急起等多项技术于一体，整合度高、综合性强，考验学生的判断、运用能力。因此，教学中教师要更多地关注学生动作细节的完成，切勿忽视技术、技能的掌握。

游戏案例30：手控红绿灯

【适合年级】

小学中高年级

【游戏方法一】

一名"小交警"手持自制"红绿灯"，其他同学根据"小交警"出示的"红绿灯"进行游戏。当看到"绿灯"时，正常越过"飞碟"；当遇到"黄灯"时，换手运球三次后再越过"飞碟"；当看到"红灯"时，要在最近的"飞碟"后急停、原地运球，当再次看到"绿灯"时，再越过"飞碟"。

如图30-1所示。

图30-1

【游戏方法二】

一名"交警"手持"红绿灯"（自制圆纸片），其他同学根据"交警"出示的"红绿灯"进行游戏。当看到"绿灯"时要快速直线运球；当遇到"黄灯"时，要换手运球前进；当看到"红灯"时，急停、原地运球。到达终点，游戏结束。

【游戏方法三】

根据场地大小安排2—3个"交警"，分别站在各自负责的区域内，其余学生4人一排看"红绿灯"运球。当看到"绿灯"时要快速直线运球；当看到"红灯"时，急停、原地运球。当学生运球超过当前"交警"负责的区域后，要看下一位"交警"的"红绿灯"进行运球。直到超过最后一名"交警"，游戏结束。

【游戏规则】

抬头运球，用余光看地面。"红灯"急停，"绿灯"前行，"黄灯"换手再前行。

【游戏目的】

手控"红绿灯"游戏，可以进一步强化学生直线运球的技术动作，在此基础上体验并掌握急停急起运球方法，以及培养换手运球的意识。同时，还能培养学生运球不看球的好习惯，从而提高学生运球手的控球能力。

【温馨提示】

做这个游戏时，学生要有一定的行进间运球的基础，根据教师手中的"红绿灯"选择运球方式，也可以让其他同伴提醒。练习时可以4组同时进行，若组太多会有学生看不到"红绿灯"。也可以把自制"红绿灯"做得大一些，明显一些。

【游戏思考】

"红绿灯"是交通信号的一种，还可以结合交警的手势，比如左转向、右转向等。把运球的学生比喻成"小汽车"，把4人一组的学生运球队伍比喻成"大公交车"等。进一步深化游戏的情景内涵，丰富游戏的情境，让学生有一种身临其境的感觉。

急停、急起运球是此项游戏的主要教学内容，借助生活中的"红绿灯"能较好地提高学生的观察与应变能力。该游戏集技术学习与游戏于一体，有效解决了教学重、难点。

游戏案例31：标志桶之间传接球

【适合年级】

小学中高年级

【游戏方法一】

学生两人（A、B）一组，分别站在一列标志桶的两边，标志桶位于距A同学三分之二处。游戏开始后，A同学做行进间击地传球（球落在两个标志桶之间），B同学接到球后，做行进间双手胸前传球。

如图31-1所示。

图31-1

【游戏方法二】

　　学生两人（A、B）一组各持一球，多组同时进行，分别站在一列标志桶的两边，标志桶位于距A同学三分之二处。游戏开始后，两位同学同时传球给对方，A同学原地做击地传球，同时B同学原地做双手胸前传球，两位同学接住球后再按以上传法同时传给对方，完成20次传接球，两人交换位置继续游戏。

【游戏方法三】

　　学生两人（A、B）一组（一个球），分别站在一列标志桶的两边，标志桶位于距A同学三分之二处。游戏开始后，A同学边侧身跑边击地传球给B同学，B同学接到球后，边侧身跑边双手胸前传球给A同学，两人重复进行。到达终点后，交给下一组同学，形成迎面接力。

【游戏规则】

　　击地传球的同学的击球点在两个标志桶之间，A、B同学的传球方式按要求做。行进间传接球时，接到球要马上传出，避免在手中停留时间过长而走步。

【游戏目的】

　　巩固原地、行进间击地传球技术和双手胸前传接球技术，提高传球准确度。

【温馨提示】

　　前期学生已经学习了双手胸前传接球和击地传接球，将两种技术结合在一起进行练习难度较大。刚开始游戏的时候，先让学生体验原地传接球，然后让学生边滑步边传接球，等熟练了之后再让学生侧身跑传接球。标志桶之间的距离可以大些，这样学生的击球范围可以大一些，熟练之后缩短标志桶之间的距离，增大击球落点准确的难度，并熟练此项技术。

【游戏思考】

　　游戏的形式是多种多样的，游戏中要考虑具体的组织是否得当。此游戏还可以让学生围成两个同心圆，两圈学生面对面，内圈学生不动，外圈学生按顺时针方向旋转，每一次旋转后外圈学生向里圈学生做胸前传接球、里圈接到球后做击地传接球。

　　本项游戏采用两种传接球的形式进行练习，突出了传球练习的趣味性、游戏性，也增加了练习的难度，学生需要掌握的内容多。如果在游戏中再结合运球，此项练习就更丰富了。篮球教学是开放型技能学习的过程，因此，实际教学中更应该给学生提供更多的综合性实践练习。

游戏案例32：勇往直前

【适合年级】

　　小学中高年级

【游戏方法一】

　　游戏时4名学生一路纵队、相距3米左右，按照1、2、3、4的顺序站好，每个接球点放一个圆纸片作为接球点的标记，3号持球。游戏开始后，4号跑到1号前面的圆纸片上等待接球，3号传球给2号，传完球后，3号跑到4号前面的圆纸片上等待接球，2号传给1号，以此类推，形成接力。

　　如图32-1所示。

图32-1

【游戏方法二 】

两名学生一组、相距3米左右，后者持球。游戏开始后，后者将球传给前者，而后迅速跑到前者的前面（相距3米左右）接球，以此类推，形成接力。最后一名同学到达终点，游戏结束。

【游戏方法三 】

游戏时6名学生一路纵队、相距3米左右，按照1、2、3、4、5、6的顺序站好，每个接球点放一个圆纸片作为接球点标记。5号持球。游戏开始后，6号跑到1号前面的圆纸片上等待接球，5号传球给4号，传完球后5号跑到6号前面的圆纸片上等待接球，4号传给3号，以此类推，形成接力，当球再次传到5号手里的时候，游戏结束。

【游戏规则 】

传球准确到位，跑动迅速。接球转身时要以一只脚为轴，避免走步违例。游戏中若掉球，则返回起点重新做。

【游戏目的 】

巩固双手胸前传接球技术，掌握正确的传、接球方法，体会主动迎球的动作。通过游戏练习，使学生建立传球后跑位的意识，养成良好的篮球习惯，提高学生快速移动的能力，培养学生认真细致、刻苦学习的好品质。

【温馨提示 】

游戏时，学生接到球后要转身将球传给下一个人，在转身的过程中，学生可能会出现带球走步的现象，教师可以要求学生一只脚必须踩在圆纸片上，从接到球到把球传出去的过程中，脚不能抬起，也教会了学生重心脚不抬起就不算走步违例。对于小学生来说此游戏路线相对复杂，建议以4人一组进行示范。游戏初期，要用圆纸片标记路线，要强调传球就向前跑，培养学生传完球就跑位的习惯。要求学生眼随球动，养成随时观察场上情况的习惯。此游戏还有多种变化，一是增大传球距离；二是增加游戏人数，三是改变传接球路线。教师可根据学生的实际能力以及场地设计进行调整。

【游戏思考】

在游戏中，学生要学会传球后跑位。传球是为了更好地突破，是为了更好地寻找机遇。在游戏一、二、三基础上还可以继续增加难度，如3人一组，用3对3的形式，进行运球、传球对抗练习。看哪个小组传接球使用频率最多。

当学生熟练原地传、接球后，可以尝试运动中传、接球，模仿实战进行练习；加强传、接球的难度，提高与同伴的配合能力，提高实战水平。

游戏案例33：手脚配合

【适合年级】

小学中高年级

【游戏方法一】

两人一组，一人原地传接球，另一名学生边在敏捷梯上做灵敏脚步边与同伴完成传接球。

如图33-1、33-2所示。

图33-1   图33-2

【游戏方法二】

两人一组，一人站在敏捷梯的一端原地传接球，另一名学生面向同伴相距3米左右在敏捷梯上做灵敏脚步，同时与同伴完成传接球练习，连续完成30次后，两人互换位置再练习。

【游戏方法三】

多人一组，一名同学（持球）站在敏捷梯的侧面（距敏捷梯3米左右），其余学生面向持球者按顺序完成灵敏脚步的练习，做灵敏脚步过程中至少完成一次传接球，做完一轮再换传球者。

【游戏规则】

接球–传球速度要快，避免走步。第一种、第二种方法，需要学生原地完成灵敏脚步的练习。第三种方法要求行进间完成灵敏脚步的练习。几种玩法都要求学生边做灵敏脚步边传接球。

【游戏目的】

发展学生的灵敏素质与协调能力以及快速反应的能力。巩固原地传接球技术和行进间传接球技术。

【温馨提示】

在做此游戏前，学生已经初步掌握了双手胸前传接球的方法，也熟练掌握了多种灵敏脚步的练习方法。此游戏将两种技术结合练习，难度较大。练习时教师要提示学生抬头看球，凭感觉去做灵敏脚步，尽量不踩敏捷梯（可用粉笔在地上画出敏捷梯）。这种游戏可以配合多种灵敏脚步进行传接球练习，开始做简单的，熟练以后再做脚步复杂的，让学生不断接受新的挑战。

【游戏思考】

在游戏中，传球人可以站在绳梯两侧，进一步扩大中间练习人的观察范围。通过呼喊口号等形式，相互配合完成传接球动作；还可以二人分别站在两条绳梯上，相距一定的距离进行同等的练习。

脚步的移动也是篮球教学必不可少的环节。本游戏中，结合绳梯进行练习，达到了一物多用的目的，既提高了学生脚步移动的能力，也提升了学生传接球的能力。

游戏案例34：夺球大战

【适合年级】

小学中高年级

【游戏方法一】

5人一组，3名同学站在中圈线上，形成等边三角形进行传、接球，两名学生在中间进行防守，要求传球队员必须在线上完成传、接球。游戏过程中，防守人碰到球或传球者出现失误时两人交换角色。

如图34-1所示。

图34-1

【游戏方法二】

5人一组，3名同学站在中圈线上，形成等边三角形进行传、接球。在方法一的基础上可以采用胸前传接球、击地传接球等方式转移球。两名学生在中圈内进行防守。要求传球队员至少一只脚踩在线上完成传接球。游戏过程中，防守人碰到球或传球者出现失误时两人交换角色。

【游戏方法三】

5人一组，一名学生在中线上持球，剩下4名同学两两一伙，一人去跳球，一人在中圈外准备接球。当持球者将球放在两名跳球者中间，并向上抛起后，跳球者迅速跳起，在空中用一只手将球拨给自己的同伴，拿到球的一方获胜。

【游戏方法四】

10人一组，分成两个队，一个队进行跑动中传接球，另一个队进行一对一防守，在篮球场半场范围内，传球队完成30次传接球（不许运球）后，两队交换角色。

【游戏规则】

尝试多种传球方式，若出现失误，防守者可去抢球，此时传球者要保护好球，运球返回游戏区域，继续传球。防守者要积极、主动地去封锁传球路线，以及抢断对方的球，但不得犯规。方法三，学生跳起拨球时要有意识地将球拨给自己的同伴，必须跳起完成拨球动作。方法四，在传接球过程中，不许运球，其他队员要跑位摆脱防守并伸手要球。若被防守队员断到球，则防守队变成传接球队，重新开始计数。

【游戏目的】

熟练传接球技术，培养学生学以致用的能力。巩固学生的防守脚步技术，提高身体灵活性。培养学生跳起抢球的意识，提高拨球准确度。提高学生摆脱防守队员的能力。

【温馨提示】

夺球大战游戏主要提高学生的传接球技术，学生无论采用哪种传球方式，传出的球都要让同伴接住，这样才能培养学生的责任感。在游戏中，学生学会灵活运用所学技术，可以为将来参加篮球比赛奠定良好的基础。

【游戏思考】

此项游戏，突出的是在个体技术的基础上强调团队的配合能力，通过不断的传接球躲避防守队员，此时更多的是要看能否把球准确地传到位、接到手。因此游戏中，不要急于开始三对二的比赛，先让学生复习一下原地二人的传接球练习，复习巩固后再进行对抗游戏。另外，教师还要考虑一下实际对抗练习中，继续增加游戏的难度，让学生在运球中完成传接动作，否则有的学生会出现抱球跑来躲避防守队员的现象，这样会违反篮球规则。

结合对抗性游戏，既要提高学生学习的兴趣，也要兼顾篮球技能的提升。让学生在游戏中建立规则意识，守规则、懂规则，学会合理运用技术，以便更好地完成配合任务。

游戏案例35：狭路相逢

【适合年级】

小学中高年级

【游戏方法一】

6名同学分成两个队，分别站在指定地点持球准备。游戏开始后，所有人向对面半场的对应点运球，当两人相遇时用"石头、剪刀、布"的方法决出胜负，赢的人继续沿原路线运球，输的人原地运球6次后再继续朝自己的目标方向运球。哪一队先全部到达指定地点，哪一队获胜。

如图35-1所示。

图35-1

【游戏方法二】

6名同学分成两个队，分别站在指定地点持球准备。游戏开始后，所有人向对面半场的对应点运球，当两人相遇时要转身运球寻找其他出路。哪一队先全部到达指定地点，哪一队获胜。

【游戏方法三】

6名同学分成两个队，分别站在指定地点持球准备。游戏开始后，所有人向对面半场的对应点运球，当两人相遇时，要相互抢断对方的球，谁能将对方的球拨掉，同时保持自己是运球的状态，谁就先运球通过此路。丢球者迅速将球捡回，从相遇处继续运球。哪一队先全部到达指定地点，哪一队获胜。

【游戏规则】

沿着场地线运球，不许跨线运球，不得出现抱球走等违例现象。第一种方法，相遇后，要以"石头、剪刀、布"的形式决出谁先通过。第二种，相遇时两人都要转身运球寻找其他出路。第三种，相遇时要相互抢断球，不得打手犯规，自己失误丢球者算对方胜，对方先运球通过。

【游戏目的】

提高学生行进间运球技术，培养学生观察场上情况，以及判断的能力，考查学生对篮球场地的熟悉程度和应变能力。

【温馨提示】

此游戏参与人数可多可少，人数少时学生能够减少与对方相遇的次数，游戏进行得就快些。反之，人数多时游戏进行得就慢些。教师可根据本班人数及预计游戏使用时间来调整人员安排。

【游戏思考】

就像游戏的名字一样，狭路相逢勇者胜！当二人相遇时可以用多种方式来解决，此时更多的是考验学生控球的能力与对抗技能。其实这也是实战中的一个缩影，让日常游戏中凝聚实战中的场景，提高学生的动作技能。前面游戏中介绍了三种方法，由易到难，教师日常教学中逐步实施，结合学生实际情况开展游戏内容。切勿急于进取而忽视学生基本功的训练，球类技能更多是要看学生基本功是否扎实。

游戏案例36：谁是领头人

【适合年级】

小学中高年级

【游戏方法一】

一名同学作为指挥员站在场地中间，5名同学站成一路纵队沿场地边线运球跑，分别用1、2、3、4、5来代替。当指挥员任意说出1—5中的一个数字后，代表该数字的同学迅速从外侧加速运球去当领头人，以此类推。

如图36-1所示。

图36-1

【游戏方法二】

一名同学作为指挥员站在场地中间，5名同学站在篮球场地线上原地运球，指挥员任意说出一种线的名称（例如边线、中线、端线、三分线等），其余同学沿着场地线运球到指定场地线上，到达后原地运球等待下一次指令，谁先到达指定地点谁是领头人。

【游戏方法三】

一名同学作为指挥员在场地中间，5名同学站成一路纵队沿场地边线运球跑，分别用"边线""中线""端线""三分线""中圈"来代替，当指挥员任意说出一种线的名称后，代表该名称的同学迅速从外侧加速运球去当领头人，带领其他同学运球到指定线上，而后继续绕篮球场运球，等待下一次指令。

【游戏规则】

运球时不得出现违例及犯规的现象。若丢球，迅速捡回排到原位继续游戏。运球加速要从外侧跑。运球到指定地点，要沿着场地线运球，不得跨线。

【游戏目的】

巩固学生行进间运球技术，体会加速运球过程中手触球部位的微妙变化，从而学会控制小篮球。同时，提高学生的反应能力，以及对篮球场地的熟悉程度。

【温馨提示】

　　此游戏有一定难度，刚开始可以让学生走着运球，熟练后再慢跑运球。教师可根据学生的实际运球能力要求其运球速度。此游戏可多人多组同时进行，由教师喊数字（名称）。教师可根据本班人数及场地大小进行分组练习。

【游戏思考】

　　3种游戏的方法，突发信号作为出发点，在游戏中侧重学生的反应能力训练，以及对场地上各种位置、各种线的熟悉程度。教师在练习中，随着学生能力的加强，可以尝试连续突发信号，如集体运球找边线—到位置以后原地运球—集体找三分线等，连续突发信号提高学生快速反应能力。还可以在场地上贴不同颜色的标志贴，找到不同颜色标志贴分别做不同的练习，如蓝色（原地低运球）、黄色（原地高运球）、红色（球绕腰反复缠绕练习）等，多次改变不同的位置，进一步提高学生观察、反应的能力。

游戏案例37：轨道追击

【适合年级】

　　小学中高年级

【游戏方法一】

　　多名同学沿着篮球场场地线运球，一名同学运球抓人，被抓到的同学转换角色，直到所有同学都变成抓人的人，游戏结束。

　　如图37-1所示。

图37-1

【游戏方法二】

多名同学沿着场地线运球，两名同学运球抓人，被抓到的同学到场地外等待，直到所有同学都被抓到，游戏结束。

【游戏方法三】

多名学生一组，运球跑完篮球场的每条线（可重复）。游戏开始后，第一名同学沿着场地线运球，过3秒后第二名同学沿着前面同学的足迹运球追赶，再过3秒下一名同学运球追赶前一名同学，按此方法，后一个追赶前一个。直到所有同学运球跑完了篮球场的每一条线，本组游戏结束。

【游戏规则】

运球抓人碰到对方即可，不要打、推人，也不可抱着球抓人。第三种方法，运球追赶时要注意安全，避免相撞。若追上前面的同学，可超越他，继续完成跑完篮球场地线的任务，其余同学继续在后面运球追赶。

【游戏目的】

此游戏不仅能巩固学生的行进间运球技术，还能提高学生的反应能力，增强学生对篮球场地的认识。

【温馨提示】

此游戏适合具有一定行进间运球基础的学生玩，运球躲闪及运球抓人都需要学生具有娴熟的运球能力。人数多时可让学生沿着全场线进行游戏，人数少时可让学生沿着半场线进行游戏。人数多时可能会出现分不清敌我的情况，此时教师可以让抓人的人徒手抓人，与被抓的人有所区别。第三种玩法，避免混乱，可以减少每组参与游戏的人数，也可以增大追赶者与前者之间的距离。教师要根据本班学生的实际能力开展此游戏。

【游戏思考】

日常追逐类运球游戏是学生非常喜爱的内容，可是往往因为小篮球"不听话"在追逐时丢失，而使孩子们失去追逐的兴趣，所以在游戏前教师应多练习一下各种运球，让学生巩固运球技术，让小篮球更"听话"。

游戏中还可以设立安全区，当学生相互追逐时可以进入安全区，但受时间限制（5秒），5秒后要迅速离开安全区，进一步提高学生躲闪、观察的能力。

游戏案例38：越过单个"飞碟"

【适合年级】

小学中低年级

【游戏方法一】

学生每人一个篮球、一个"飞碟"（自制圆纸片），学生先在"飞碟"后原地运球（球正对"飞碟"，人在"飞碟"斜后方），越过"飞碟"时按压球的后上方，让球从"飞碟"上面越过，球落在身体斜前方，越过后转身，用同样的方法做回来，反复进行练习。

如图38-1所示。

【游戏方法二】

学生每人一个篮球、一个"飞碟"（自制圆纸片），学生两脚前后开立站在"飞碟"的侧面，连

图38-1

续运球越过"飞碟"，让球落在飞碟的前面和后面（相当于前后拉球），双脚不离地，向前运球时，上体前倾、身体重心前移，向后运球时，上体向后倾斜、重心后移。如此反复练习。

【游戏方法三】

学生每人一个篮球、两个"飞碟"（连起来、纵向摆放），学生先在"飞碟"后原地运球（球正对"飞碟"，人在"飞碟"斜后方），越过"飞碟"时按压球的后上方，让球从两个"飞碟"上面越过，球落在身体斜前方，越过后转身，用同样的方法做回来，反复进行练习。

【游戏规则】

越过"飞碟"时，脚与球不能触碰"飞碟"，球从"飞碟"上面过。运球时，不要翻腕。若丢球，立即捡回继续练习。

【游戏目的】

此游戏要求学生的球不能触碰"飞碟"，是让学生初步体验按压球的后上方的感觉，学会用手控制球的落点，明确直线运球时手的触球部位。要求脚不能触碰"飞碟"，是让学生提前体会脚的前进路线与球的行进路线不同。

【温馨提示】

此游戏是学生学习了原地运球后再学习直线运球的一个过渡游戏。与原地运球相比，运球时按压球的部位发生了变化，且对学生手脚协调配合的能力要求更高了。做此游戏时，学生会出现低头的现象，教师不必担心，重点让学生体会按压球的后上方的感觉，以及明确人和球的行进路线不同。教师在示范时要正面、侧面都示范，让学生看清楚越过"飞碟"的路线，避免出现围着"飞碟"运球的现象。

【游戏思考】

直线运球在实战中有其快速性的价值，从后场进入前场快速推进。所以日常教学中，结合游戏的方式，让学生建立快速推进的意识。练习中还要提示学生正确的触球部位，尤其是连续触球时，触球部位不稳定会影响球行进的速度。"飞碟"的使用只是一个障碍物，对于促进学生有节奏的直线运球有着独特的作用。

游戏案例39：连续越过"飞碟"

【适合年级】

小学中高年级

【游戏方法一】

学生每人一球，当学生体验完越过单个"飞碟"（自制圆纸片）游戏后，在场地上连续摆放3—4个"飞碟"（相距3—4米），让学生运球连续越过多个"飞碟"。

如图39-1所示。

图39-1

【游戏方法二】

　　学生4人一组，多组同时比赛。每组第一名同学持球，在起点与终点之间连续摆放4个"飞碟"（相距3—4米）。游戏开始后，第一名学生运球连续越过"飞碟"（自制圆纸片），到达终点后，地滚球返回起点，把球交给下一位伙伴继续游戏，哪组先完成哪组获胜。

【游戏方法三】

　　4人一组，分站两边，多组进行比赛。每组第一名同学持球。游戏开始后，第一名同学运球连续越过"飞碟"（自制圆纸片），到达对面后将球交给对面的同伴，而后排到对方的排尾，对面的伙伴用同样的方法运球返回，交给下一个人，形成迎面接力。哪组先完成哪组获胜。

【游戏规则】

　　人从"飞碟"侧面走（跑），球从"飞碟"上面过。运球时，球的反弹高度不能过肩，不许脚踢球，不许翻腕。若丢球，立即捡回，从丢球处继续游戏。

【游戏目的】

　　连续越过"飞碟"游戏，可以让学生进一步掌握直线运球的触球部位。同时体验两步一运的运球节奏。要求学生人从"飞碟"侧面走（跑），球从"飞碟"上面过，是让学生体会球的落点在身体的斜前方。同时培养学生团队合作的意识。

【温馨提示】

　　游戏初期，可让学生走着连续越过"飞碟"，然后再逐渐加快运球速度，培养学生连续运球的能力，重点体会两步一运的运球节奏。等学生熟练以后可让学生抬头运球，用余光看地面。注意左、右手都要进行练习。待学生动作稳定后，进行比快的游戏。

【游戏思考】

越过单个的"飞碟"，学生能轻而易举地完成。连续越过多个"飞碟"，学生能否顺利完成呢？此项游戏就是结合这个内容，进一步提高学生连续触球能力的。练习的形式还可以采用往返练习，同时兼顾左、右手的练习动作。

当学生动作稳定、熟练以后，教师可以尝试组合练习，如增加急停急起练习等，进一步提高练习的难度，提高学生练习的兴趣。

游戏案例40：地面红绿灯

【适合年级】

小学中高年级

【游戏方法一】

地面红绿灯（自制圆纸片）游戏，是在连续越过"飞碟"（自制圆纸片）游戏基础上进行的。在场地内摆放红、黄、绿3种颜色的圆纸片充当"红绿灯"。当学生遇到"绿灯"时，正常越过"飞碟"；遇到"黄灯"时，换手运球3次后再越过"飞碟"；遇到"红灯"时，迅速急停，在"飞碟"后原地运球3次后再越过"飞碟"。

如图40-1所示。

图40-1

【游戏方法二】

多名学生一组在起点后排队（每组一个球）。在游戏场地内，交替摆放若干个（4个为宜）"红灯"和"绿灯"。游戏开始后，第一名学生快速直线运球，遇到"绿灯"时，正常越过"飞碟"；遇到"红灯"时，迅速急停，在"飞碟"后原地运球3次后再越过"飞碟"。到达终点后，将球用地滚球的方式传给后面的同伴，同伴拿起球后依照第一名同学的运球方法继续游戏，哪组最先完成哪组获胜。

【游戏方法三】

将学生平均分成几组，每组学生分站两边（每组一个球）。在游戏场地内，交替摆放若干个（4个为宜）"黄灯"和"绿灯"。游戏开始后，每组第一名学生快速运球，遇到"绿灯"时，正常越过"飞碟"；遇到"黄灯"时，换手运球3次后再越过"飞碟"。到达对面将球交给同伴，并排到队尾，同伴继续比赛，形成迎面接力。哪组先完成哪组获胜。

【游戏规则】

运球时要求人从"飞碟"侧面走（跑），球从"飞碟"上面过。游戏时要做到"红灯"停、"绿灯"行、"黄灯"换手再前行。急停时，不得双手同时触球。

若丢球立即捡回，从丢球处继续比赛。急停、原地运球时，若砸到"黄灯"或"红灯"，也没关系，只要规定的练习动作是原地完成的即可。

【游戏目的】

地面红绿灯游戏，除了让学生进一步巩固直线运球的触球部位、运球节奏和球的落点以外，还能深化直线运球的直线性，让学生逐渐掌握直线运球的精髓。同时，在学生的头脑中初步形成急停急起运球的概念。提高学生控制球的能力。

【温馨提示】

此游戏有一定的难度，它既是对直线运球技术的强化，也是对体前变向换手运球的渗透。刚开始游戏时，可以不出现"黄灯"，给学生一个适应的过程，待学生习惯了"红灯"停、"绿灯"行以后，再给学生增加难度，对于"黄灯"的换手再运球也不要过分强调速度，学生有换手的意识即可。

【游戏思考】

生活常识与体育教学进行巧妙地组合，进一步提高学生的学习兴趣。此游戏就是结合"红绿灯"来设计3个不同颜色的"飞碟"的，学生遇到不同颜色的"飞碟"，做出相应的运、停、换手等动作。

此游戏中，"红绿灯"处于地面上，待学生熟练后可以进一步增加难度，安排学生手持红绿灯，当各组队员向前运球时，出示不同颜色的"红绿灯"，控制学生运球的节奏，这样进一步提高学生的场上观察能力。

游戏案例41：一起加油

【适合年级】

小学中高年级

【游戏方法一】

8（或4的倍数）人一组，平均分配到篮球半场的4个角站好，各组排头持球。游戏开始后，4人同时朝中点直线运球，汇合后，4人一手抱球、无球手击掌，并说"加油"，然后直线运球返回起点。

如图41-1、41-2、41-3所示。

图41-1　　　　　　　　图41-2　　　　　　　　图41-3

【游戏方法二】

8（或4的倍数）人一组，平均分配到篮球场的4个角站好，各组排头持球。游戏开始后，4人同时朝中点直线运球，汇合后，4人双手持球，边球碰球边说"加油"，然后直线运球返回起点。

【游戏方法三】

8（或4的倍数）人一组，平均分配到篮球半场的4个角站好，两个半场各安排一组，两组进行比赛，各组排头持球。游戏开始后，4人同时朝中点直线运球，汇合后，4人按逆时针方向依次把球给右边的同伴，并说"加油"，然后直线运球返回起点，形成接力，哪组先完成哪组获胜。

【游戏规则】

3种方法分别要求学生汇合时要用无球手击掌加油、4人球碰球加油、4人轮换球加油，完成后才能运球返回起点。运球过程中，若丢球，立即捡回，到丢球处继续运球，此时，其他同学运球到汇合点原地运球等待，4人做完规定动作后，再运球返回起点。若返程中有人丢球，则其他人不必等待。

【游戏目的】

巩固学生直线运球技术，培养学生团结合作的意识。

【温馨提示】

在汇合点设置标志物方便学生找方向。刚开始可以让学生走着运球，熟悉方法后再加速。建议先右手再左手练习。难度最大的就是双手运球，如果学生有能力可以让其尝试。

【游戏思考】

游戏中可以整合更多的资源，在前面一些游戏中，整合了红绿灯资源，此项游戏中也可以考虑各种交通标志。在4名同学相遇时出现让4位"小驾驶员"做出不同的运球路线。另外还可以进行组合练习。例如4名同学同时从4个角向中心运球，然后两两相遇后二人一组迎面相互传接球（同时传两个球），学生要判断准确，接球稳。

游戏形式是多种多样的，往往不拘一格，最大限度地调动学生的练习兴趣。此项游戏主要是发展学生直线运球能力，除了方法一、二、三之外，可以进一步深化游戏方法，当4人从4角运球至中间相遇后，可先原地运球，沿"环岛行驶"标志，4人同时逆时针行驶一周或半周，沿新的路线直线运球。总之，要充分利用场地、生活中的资源，整合优化教学。

游戏案例42：遛猴

【适合年级】

小学中高年级

【游戏方法一】

3人一组一个球，两名学生站在中圈上相互传接球，另一名学生在中间防守，防守队员成功碰到谁传出的球就和那个人互换角色。

如图42-1所示。

图42-1

【游戏方法二】

3人一组一个球，两名学生站在中圈上相互传接球，另一名学生在中间防守，传球者接到球后连续做几个传球假动作（包括头上传球、腋下绕球等），此时防守队员贴身防守，不断用手封堵传球队员的传球路线，球来回传接3次后，将防守队员换下，轮换角色，3人继续游戏。

【游戏方法三】

3人一组一个球，两名学生站在中圈上相互传接球，另一名学生在中间练习侧滑步，球传到谁的手里，防守队员就向谁的方向侧滑步，滑到同伴身边后用手轻碰同伴一下，当球传回另一个人手中后，防守队员再向另一名队员侧滑步，反复进行练习，连续滑步几次后，3人交换角色继续练习。

【游戏规则】

第一种方法传球者不得抱球跑，若想移动，可以运球。第二种方法，传球者不许运球，非中枢脚可移动。防守者不得出现打手、拉人等犯规现象。第三种方法主要提高防守队员侧滑步的速度，不需要断球，滑步到同伴身旁用手碰同伴一下即可。

【游戏目的】

巩固学生多种传接球技术，包括头上传球、肩上传球、单手击地传球等，让学生学会灵活运用所学技术，强化学生的防守技术动作，培养学生团结合作的意识。

【温馨提示】

第一种方法提示学生等防守人逼近时再传球，鼓励学生尝试不同的传球方法。提示防守者运用上步迎防、碎步迎防等多种脚步进行防守，还可以运用假动作逗传球者。第二种方法防守队员在封堵传球路线时，手臂不要超过身体的圆柱体的垂直面。

【游戏思考】

摆脱防守是篮球实战中的一项重要环节，有时单兵作战、有时团队配合，需要个人熟练运用各种移动步伐，合理运用技术摆脱防守队员。游戏前，可以让学生二人一组相互抢断球练习，提高学生身体对抗性，同时注意提示学生遵守篮球规则，时刻建立规则意识。

游戏案例43：小陀螺转转转

【适合年级】

小学中高年级

【游戏方法一】

两人一组，一名学生在中圈的中心持球，另一名学生距该学生3米远处与之进行击地传接球，两人面对面完成一次传接球后，中心点的学生持球以一只脚为轴向左转90°，另一名学生按逆时针方向（以中间同学为圆心）跑到她对面的位置继续与之进行击地传接球，而后两人继续换方向面对面完成击地传接球，做完两圈后，两人互换角色再练习。

如图43-1、43-2、43-3所示。

图43-1　　　　　　　　图43-2　　　　　　　　图43-3

【游戏方法二】

两人一组，一名学生在中圈的中心持球，另一名学生距该学生3米远处与之进行击地传接球，两人面对面完成一次传接球后，中心点的学生持球，另一名学生任意跑到一个点与中间同学完成击地传接球。多次练习后两人交换角色继续练习。

【游戏方法三】

两人一组，一名学生在中圈的中心持球，另一名学生距该学生3米远处与之进行击地传接球，两人面对面完成一次传接球后，中心点的学生持球以一只脚为轴向左转90°，而后在另一名同学跑到指定地点之前，将球以击地传球的方式传出，接球人要快速跑到指定地点将球接住，连续练习多次后两人互换角色再练习。

【游戏规则】

第一种方法外侧学生按逆时针方向旋转，每个点传接球一次。第二种方法外侧跑位同学不按规律跑位。两种方法传接球时必须站稳了、面对面完成。第三种方法中心点的传球同学要提前传球，让接球人去追球。

【游戏目的】

巩固学生击地传接球技术，提高学生行进间接球的能力，培养学生团结合作的意识。

【温馨提示】

此游戏对学生的击地传接球能力有一定要求。刚开始游戏时，让学生跑到位之后再传接球。熟练后让接球人任意挑选接球点，传球人面向接球人击地传球。最后，让传球人提前将球传出，接球人快速跑动接球，提高学生行进间接球的能力，以便更好地与实战接轨。注意，在游戏时，中间学生始终以一只脚为轴进行旋转，避免走步。

【游戏思考】

游戏的设计体现了传接球的配合意识问题。因此在传接球时，还要训练学生的跑位意识、团队配合意识。在游戏中，可以事先在场地上布置好若干个点，并贴上标志或标明数字，提前让学生熟知各个数字的位置，以便学生在跑位中查找。游戏开始后，中间同学可任意说出数字，跑位同学迅速移动到指定位置，然后完成传球任务。

游戏案例44：运送物资

【适合年级】

小学中高年级

【游戏方法一】

至少4人一组，站成一条直线，相距3米左右，起点的呼啦圈中放置若干个篮球。游戏开始后，第一名学生迅速从起点拿出一个篮球，并以击地传球的方式将球传给下一名同学，而后迅速向终点方向跑，在超出第4名同伴3米远处等待接球。第二名同学依照第一名同学的形式传球后跑位。无论是谁在终点处接到球，都要将球放在呼啦圈中，然后4名同学返回起点，继续把起点的球运送到终点，游戏结束。

如图44-1、44-2、44-3所示。

图44-1 图44-2 图44-3

【游戏方法二】

至少4人一组，多组比赛，站成一条直线，相距3米左右，最后一名同学持球。游戏开始后，持球同学以击地传球的方式将球传给下一名同学，而后迅速向终点方向跑，在超出最前面同伴3米远处等待接球。第二名同学依照第一名同学的形式传球后跑位。无论是谁到达终点，立即反方向击地传球，待球传回起点，游戏结束。哪组先完成哪组获胜。

【游戏方法三】

至少4人一组，站成一条直线，相距3米左右，起点的呼啦圈中放置3个（组内人数–1）篮球。游戏开始后，第一名学生迅速从起点拿出一个篮球，并以击地传球的方式将球传给下一位同学，而后迅速向终点方向跑，在超出第4名同伴3米远处等待接球。第二名同学依照第一名同学的形式传球后跑位。无论是谁在终点处接到球，都要留在终点处给其他同伴加油，然后剩余3名同学返回起点继续游戏，每一次击地传球到终点，都要留下一名同学，直到最后两名同学传球到终点，游戏结束。

【游戏规则】

运送物资过程中，只能出现击地传接球技术，不得抱球跑。传完球后要快速向前跑。若丢球，立即捡回，从丢球点继续游戏。

【游戏目的】

巩固学生击地传接球技术，发展学生快速奔跑的能力，培养学生传球后跑位的意识。

【温馨提示】

　　游戏初期以熟悉路线、玩法为主，可以不要求速度，等熟练以后就要比动作质量和速度了。游戏时，教师最好将学生的跑位的点标出来，这样便于学生跑位，培养学生传完球跑位的意识。也避免了学生掌握不好距离影响游戏的进行。

【游戏思考】

　　游戏前可以摆放一些彩色标志垫（或者呼啦圈），便于学生确定击地传球的"点"，待熟练后随即撤出。游戏是教学的一种方法，日常教学中还要关注学生动作技能的掌握情况，此游戏中击地传球的位置、手型、力度等相关因素，教师都要在游戏中给学生做出提示和指导。

游戏案例45：传送

【适合年级】

　　小学中高年级

【游戏方法一】

　　至少4人一组，站成折线形（按地面标志站位）。游戏开始后，第一名同学迅速将球以击地传球的方式传给下一名同学，第二名同学再传给第三名同学，直到第四名学生接到球，将球举过头顶，游戏结束。

　　如图45-1、45-2所示。

图45-1　　　　　　　　　　　　　　图45-2

【游戏方法二】

至少4人一组，站成折线形（按地面标志站位）。游戏开始后，第一名同学迅速将球以击地传球的方式传给下一名同学，第二名同学再传给第三名同学，直到第四名学生接到球后再回传给同伴，待球传回起点后，游戏结束。

【游戏方法三】

学生两人一组站在指定的圆纸片上，一人持球，游戏时两人直线向前跑，中间停留的点用圆纸片作出标记。游戏开始后，无球同学向前侧身跑，跑到指定地点接同伴的击地传球，然后同伴向前侧身跑，跑到指定圆纸片上后再接回传球，两人交替向前推进，到达终点游戏结束。

【游戏规则】

游戏过程中不许运球，只能用击地传球的方式传递球。若丢球，立即捡球继续游戏。

【游戏目的】

巩固学生击地传、接球技术，以及传球后的跑位意识，培养学生团结合作的意识。

【温馨提示】

此游戏难度不大，就是击地传接球的一个简单运用，主要考查学生传球的准确性，提高接球人再次转移球的速度。教师可以让学生尝试双手击地传球和单手击地传球两种。还可以增大传球的距离，教师可以根据学生的能力，调节远近。

【游戏思考】

传、接的时机至关重要。球反弹是否准确到位，考验着传球队员的技术能力，人到位、球到位。建议游戏前多做一些击地传、接球练习，然后再结合运球做击地传、接球练习，这样一步步进行，保障游戏环节的顺利进行。

游戏案例46：为你加油

【适合年级】

小学中高年级

【游戏方法一】

4人一组，两组配合完成游戏。两组左右相距约3米，学生在起跑线后排好。游戏开始后，两组第一名同学同时向前快速运球，到达规定地点后两人相互击掌并喊"加油"，然后从同伴来时的路线运球返回起点，后面同学依照她们的玩法继续游戏，做完一轮，游戏结束。

如图46-1所示。

图46-1

【游戏方法二】

4人一组，两组配合完成游戏。两组左右相距约3米，学生在起跑线后排好。游戏开始后，两组第一名同学同时向前快速运球，到达规定地点后，两人面对面边运球边和对方说"加油"，然后原路运球返回起点，后面同学依照她们的玩法继续游戏，做完一轮，游戏结束。

【游戏方法三】

4人一组，两组配合完成游戏。两组左右相距约3米，学生在起点线后排好。游戏开始后，两组第一名同学同时向前快速运球，到达规定地点后两人急停、原地运球并对同伴说"你好"，而后继续向前运球，到达终点后，两人急停、原地运球相互说"再见"，然后从同伴来时的路线返回起点，后面同学依照她们的玩法继续游戏，做完一轮，游戏结束。

【游戏规则】

第一、第三种方法要求学生相遇后，返回的路线是对方来时的路线。第二种方法是原路返回。两人相遇要给对方加油。运球时不要出现违例现象。

【游戏目的】

巩固学生直线运球技术，培养学生团结合作的意识。

【温馨提示】

此游戏可以在相遇时用语言加油，也可以用手势加油，还可以声音和行动同时用，这取决于学生的实际运球水平，教师可自行安排。

【游戏思考】

游戏是一种在一定的规则约束下，人们进行的娱乐活动，富有趣味性，深受人们的喜爱，尤其是儿童和青少年。因此，教师可以在体育教学过程中，充分利用游戏的教育性的一面。结合小学篮球课，激发学生对篮球的学习兴趣，使学生在游戏中得到学习和锻炼，并提高学习质量和学习效率，从而达到教育目的。从游戏的角度来看，体育课上开展的游戏本身就是一项非常有意义的活动，游戏本身具有一定的逻辑性，将这样的逻辑性应用到小学体育的课堂教学当中，可以帮助学生提升自己的身体素质和心理素质。在小学体育课堂开展篮球教学的时候，教师可以根据自己所教授学生的实际情况来设计游戏。

游戏案例47：甜甜圈

【适合年级】

小学中高年级

【游戏方法一】

10（双数）人一组，围成大小不同的两个同心圆（每个圆由5个人组成），小圈同学持球，两圈同学一一对应。游戏开始，小圈同学击地传球给大圈同学，大圈同学回传后，按逆时针方向旋转一个位置，与小圈同学再次进行击地传球练习，回传后继续转移位置，重复之前的方法进行练习。

如图47-1、47-2所示。

图47-1　　　　　　　　　　　　图47-2

【游戏方法二】

10（双数）人一组，围成大小不同的两个同心圆（每个圆由5个人组成），大圈同学持球，两圈同学一一对应。游戏开始，大圈同学击地传球给小圈同学，小圈同学回传后，按顺时针方向旋转一个位置，与大圈同学再次进行击地传球练习，同传后继续转移位置，重复之前的方法进行练习。

【游戏方法三】

10（双数）人一组，围成大小不同的两个同心圆（每个圆由5个人组成），小圈同学持球，两圈同学一一对应。游戏开始，小圈同学击地传球给大圈同学，然后按顺时针方向旋转一个位置，大圈同学击地传球给换位后的伙伴，然后按逆时针方向旋转一个位置，再接小圈同学的传球，重复之前的方法进行练习。

【游戏规则】

第一种方法小圈不动、大圈动。第二种方法大圈不动、小圈动。第三种方法两圈都动。学生回传球后，同时移动位置，避免相撞。

【游戏目的】

巩固学生击地传球技术，提高学生行进间接球的能力，培养学生团结合作的意识。

【温馨提示】

　　游戏初期，可以让大圈与小圈同学多进行几次击地传接球练习。练一段时间后，开始尝试大圈同学逆时针移动传接球，此时要等大圈同学跑到位再传球。熟练以后再增加难度，在大圈同学跑到位之前将球传出，让其追赶来球并接住来球，从而提高学生接行进间击地球的能力。游戏时，注意大、小圈学生要换位置练习。以上练习策略，第二、第三种方法同样适用。

【游戏思考】

　　通过小篮球教学内容（教材）游戏化，形成各水平段的不同深浅度和难度的游戏形式的教学内容，适合小学各阶段的学生学习。我们将一些教学素材进行游戏化处理，对已有的活动性游戏进行必要的选择和改编。采用游戏教学形式，通过小篮球游戏教学掌握技术技能，体现技战术思想，增进小学生各方面能力，是小学各水平段篮球教学的最好做法。小学（教师用书）的各种小篮球教科书都介绍了小篮球教学内容；为更加适应小学小篮球教学，我们将这些教学素材进行游戏化处理，对已有小篮球游戏进行必要的选择和改编，提出小篮球教学构思和策略。

游戏案例48：突破封锁线

【适合年级】

　　小学中低年级

【游戏方法一】

　　5人一组一个球，多组进行比赛，一名学生在中圈内防守，其余学生分站两边，传、接球时至少一只脚踩在中圈上，进行传接球接力。若传出的球被防守队员碰到或接住、或同伴未接到球，则该队员与防守者交换角色，传完球后排到本方队尾，完成传接球50次，游戏结束。

　　如图48-1所示。

图48-1

【游戏方法二】

单数个学生一组（至少7人）一个球，多组进行比赛，一名学生在中圈内防守，其余学生分站两边，传接球时至少一只脚踩在中圈上，进行传接球接力。若传出的球被防守队员碰到或接住、或同伴未接到球，则该队员与防守者交换角色，传完球后排到对方队尾，完成传接球50次，游戏结束。

【游戏方法三】

5人一组一个球，多组进行比赛，一名学生在中圈内防守，另外4名学生一边两个排队，传球时至少一只脚踩在中圈上，进行传接球接力。若防守队员没碰到球，两人一直传着，若传出的球被防守队员碰到或接住、或同伴未接到球，则该队员排到队尾换下一名同学接着传，完成传接球50次，游戏结束。

【游戏规则】

传球时不得抱球跑，只能运球移动。接球时，至少有一只脚踩在中圈上，两名传球者始终保持中圈直径的距离。

【游戏目的】

体验多种传接球方法，巩固学生传接球技术。中间加上防守队员来提高学生随机应变的能力。

【温馨提示】

学生在游戏时会为了不让防守者触碰到球而选择传高球（头上传球或上抛球），教师可以统一规定高球的传球次数，也可以规定此轮游戏只能用某几种传球方法，等等。

【游戏思考】

选择和创编篮球活动性游戏，要体现其层次性、简易性、趣味性、竞赛性、娱乐性和健身性；要尽量采用小场地和灵活多样的组织形式，并简化其规则和要求。既重视篮球运动的自身特性，又要改变活动规则、练习方法，将其简化、加工与变形，增强其环境适应性和教学适用性，并与其他活动形式相融合，让篮球成为学生生活化的实用健身活动，斗智斗勇的简单游戏，妙趣横生的趣味竞赛。

游戏案例49：投点

【适合年级】

小学中高年级

【游戏方法一】

多人一组比投篮，沿着三秒线上的点投篮，加上罚篮，每人需要投进11个球，投进再投下一点，投不进换其他人投，第二轮要接着上一次没进的点投，比谁先投完一圈。

如图49-1所示。

图49-1

【游戏方法二】

多人一组比投篮，沿着三秒线上的点投篮，每人一次机会，谁一次投进的个数多谁获胜。

【游戏方法三】

两人一组，与其他组比投篮，沿着三秒线上的点投篮，加上罚篮，每组需要投进11个球，投进再投下一点。第一个人投完，第二个人接着上一个人没进的点投，投完，不管投进与否，轮到下一组投。哪组最先投进11个点哪组获胜。

【游戏规则】

投进的点不重复投，必须按顺序投，不得跳点投。

【游戏目的】

巩固投篮手形，体验不同远度的投篮感觉，提高投篮命中率。增强学生的抗压能力。培养他们合作的意识。

【温馨提示】

这是一个投篮比准的游戏，主要针对原地投篮，若学生水平高、能力强可适量增加三分球、急停跳投等游戏形式。

【游戏思考】

篮球运动有其浓厚的竞技文化背景和社会生长环境，我们应该使篮球以其趣味的内容、游戏的形式、快乐的活动等特质扎根于学生的心田。选择丰富多彩的游戏化教学内容，形式多样的游戏化教学手段，生动活泼的游戏化学练方式，主动适应学生的心理发展水平、生理负荷要求和活动方式期待，实现了运动技能学习和灵活运用合一，体能练习与游戏竞赛合一，情感意志培养与课堂情境合一。

游戏中是按一定顺序进行定点投篮，使学生能够充分适应各个角度、位置在三秒线投篮的动作，为了突出实践的效果，教师可以在地上标出1—11个点（注意数字要清晰）。游戏时学生从中圈开始运球，然后听突发数字信号，如"5号"学生则快速运球到5号位置完成定点投篮，还可以说3—4号，那就是连续在3号、4号点完成投篮。

游戏案例50：擦肩而过

【适合年级】

小学中高年级

【游戏方法一】

在九宫格的一侧加一列方格组成新的图形，两位同学在此图形内相对站立，均右手原地运球，听到哨声后，两人同时做原地体前变向换手运球，上右脚、肩靠肩、左手运球三次，然后还原到初始位置，继续右手运球，听哨声练习。

如图50-1、50-2所示。

图50-1   图50-2

【游戏方法二】

两人面对面站立，右手原地运球，听到哨声后，两人同时做原地体前变向换手运球，上右脚、肩靠肩、左手运球3次，然后收回右脚，左手原地运球，听到哨声后，两人同时做原地体前变向换手运球，上左脚、肩靠肩、右手原地运球3次，然后还原到初始位置，听哨声左右交替练习。

【游戏方法三】

两人面对面站立，原地体前变向换手运球。当教师说"右（左）"，此时，运动员要体前变向到右（左）手，左（右）脚向右（左）前方迈步，右（左）手突破运球2—3米远，然后还原初始位置继续听指令练习。

【游戏规则】

　　尽量让学生做到运球不看球，变向速度要快，左（右）手接应要及时，变向后，两人要肩靠肩体会探肩的动作。若丢球，立即捡回继续游戏。

【游戏目的】

　　巩固原地体前变向换手运球的技术动作，进一步体会变向过人技术，利用变向后肩靠肩来强化变向后转体探肩的动作；通过听哨声练习来提高学生的反应能力。

【温馨提示】

　　此游戏是针对有篮球运球基础的学生所创编的游戏，刚开始练习时，可以规定学生右手运球次数，然后两人同时变向，要达到整齐的效果。待熟练后，可以听哨声变向练习，比的是谁反应快。第二、第三种方法，不再强调让学生在方格里练习体前变向。此时，学生应该已经掌握了原地体前变向的基本动作，包括哪只手运球变向、迈哪只脚、哪只手接应、怎样转体探肩等。

【游戏思考】

　　突出小学篮球游戏化教学特点，并未弱化篮球基本技术技能和简单配合及篮球运动相关属性的教学，而是力图结合小学学生的身心特点和活动需求，把篮球基本技能教学游戏化，简单配合教学趣味化，竞争与合作教育通识化，行为与规则教育宽泛化，让篮球运动更适合、更方便小学学生学练，让学生更喜爱他们心目中钟爱的篮球，从而激发运动兴趣，提高学练水平和健身效果。

开展篮球游戏活动优化教学策略

一、篮球游戏在篮球教学当中的应用的策略

游戏具有较强的娱乐性，所以将篮球游戏应用在篮球教学活动中，能够提高学生学习篮球技巧的积极性，也能够使学生更容易接受和掌握篮球的技巧。但是教师在应用篮球游戏进行教学的过程中，需要遵循一定的原则，从而使教学活动取得更好的效果。

（一）明确主要目的是对学生进行思想教育，而不是娱乐

体育教学的实质就是在教学活动中，注重对学生思想的教育，培养学生养成运动的良好习惯。许多篮球教学活动的内容会在篮球游戏中更好地体现出来，所以教师一定要针对游戏中存在的有教育意义的内容对学生进行讲解。小学阶段的学生没有独立的价值观，对许多事情不能作出更好的判断，加上现阶段的学生都娇生惯养，缺乏吃苦耐劳的精神和信念，因此，教师要通过篮球教学活动来培养他们吃苦耐劳的毅力。

（二）注重游戏与教材的联系

在篮球教学中应用篮球游戏，是为了更好地完成教学任务。所以教师在授课过程中，一定要适时地引入合理的游戏，这样才能使游戏和教材的联系更密切。篮球教学中的技术技巧都有难点，而这些难点则是学生较难掌握的；学生大都无

法初次通过教师的理论讲解及示范动作就对篮球动作掌握得更好，甚至会觉得比较枯燥乏味。而在授课过程中，引入篮球游戏，那么教师所要讲授的内容及动作都会在游戏中更好地体现，这也能够提高学生学习篮球动作的积极性。

（三）课堂中引入游戏一定要把握时机和时间

在合适的时间里引入篮球游戏，能够使教学效果得到最大程度地发挥，这便是时机。而篮球游戏的时间一定要把握好，因为课堂的教学时间有限。教师需要做到最重要的一点就是，合理利用篮球游戏，从而使教学效果得以最大程度地发挥。

（四）教师要明确篮球游戏的目的

每一个教师所讲授的每一节课，教学目的可能不同。通常情况下，在篮球教学中引入篮球游戏是为了吸引学生的注意力，并且为学生营造一个轻松的学习氛围，从而达到教学目的。

少儿时期的学生与其他年龄段的学生有不一样的心理条件和身体素质。这就决定了在整个篮球课的教学、组织和训练的过程中，必须采用比较特殊的方法，倘若方法不正确的话，学生对篮球的学习兴趣就受到了一定程度的影响，那么学生接受训练的兴趣就会整体下降，最终影响到学生的篮球学习。

二、篮球游戏在训练中的应用策略

（一）发挥激发兴趣作用的策略

由于篮球游戏在篮球教学训练中能有效地激发学生的学习兴趣，教师应抓住这一点，切实加强对篮球游戏的应用，在教学训练过程中适当安排篮球游戏辅助教学。教师应确保所选游戏具有一定竞争性，并尽可能地提升其趣味性，紧密结合学生的心理和生理特点，开展活泼生动的篮球教学训练。教师精讲技术动作要领，为篮球教学训练任务的完成奠定坚实的基础。例如在篮球传球准确性教学训练过程中，我们融入了《真心话大冒险》游戏。首先，要求学生准备好自己所要提出的问题，以卡片的形式将所有问题（积极向上但恶意搞怪的问题除外）收集起来，每个问题一张卡片。其次，将学生分成多个小组，随机抽取两个小组，这两个小组的成员全部参与到传球游戏中来，游戏的场地选在半场内开展。游戏规则是：各小组的成员只能对本组成员传球，当第一个人将球顺利传给本组队员之后，接球者接力给本组其他成员传球。在传球过程中，若学生传球失败，或被别组成员接到球，那么传球者所在的小组即为失败，这就需要接受另外一组成员的问话，问话的问题只能从卡片中抽取，且在问题回答之后，再次进行传球训练，直到游戏时间结束。游戏时间可以灵活机动，一般应保证双方至少有一次主动传球的机会，从而提升学生训练的积极性。从这个游戏来看，教学训练效果也相应得到提升。

（二）发挥其他作用应采取的策略

为了更好地在篮球教学训练中强化篮球游戏的主体作用、减压作用和能力作用，教师应确保所选取的篮球游戏与教学内容相符，并结合教学训练任务目标对其难易程度进行有效的确定，在游戏开始之前应对游戏进行简明扼要地说明，并对学生进行科学地分组。例如为了将学生的主体作用发挥出来，教师在教学中应将训练任务和目标提出来，再由学生自主选择篮球游戏的类型，只要确保其所选的游戏项目有助于教学任务的实施和学生的全面发展即可。而为了减轻学生学习的压力，在篮球游戏中则应注重学生压力来源的分析，并有针对性地设置游戏，由于不同的学生的压力不同，所以就应在游戏的技巧性和竞赛性以及趣味性方面入手，才能更好地通过游戏缓解学生的压力。而为了培养学生的学习能力，应在整个游戏过程中加强对学生的鼓励，注重技能训练的同时利用游戏时期意识到团结协作能力的重要性，从而更好地在今后的学习和生活以及未来的工作中更好地加强与团队的合作，从而更好地促进教学训练效果的提升。

三、篮球游戏与体育教学研究

（一）在小学篮球课程做准备活动时对游戏的有效运用

在整个教学过程中，体育老师可以根据不同篮球课各自的特点，带有选择性地将一些日常小游戏运用到课前的准备活动中，这样可以调动学生学习篮球的积极主动性，可以让学生在最短的时间里充分地做好心理和生理方面的准备工作，还可以让学生带着从游戏中感受到的喜悦进入到对整个课程基础训练技术的吸收学习中去。

（二）在篮球技巧教学当中的运用

这个阶段的篮球教学属于学生掌握篮球技术，并且提升自身技术的关键阶段，教师必须高度重视这个时期的教学任务，设计科学合理的篮球游戏模式。这个阶段的篮球游戏应当根据篮球的战术组合以及篮球的技巧来进行设计，要具备明确的目标，从而有效锻炼学生运用篮球技术、创新篮球技术的基本能力。比如，设计运球方面的游戏，能够改变运球技术教学的单一性，使得学生通过游戏来锻炼自身的运球能力，尽管运球游戏在开展的时候难度较高，但其能够促进学生全身心地投入到游戏当中，在不断游戏的进程中反复练习运球技术，从而更好地掌握运球的技巧。又比如，教师在安排学生进行半场三对三战术练习的篮球游戏，教师可以将全班学生分为若干个组，进攻的一方通过从中线发球开始，充分运用掩护、传球、运球、挡拆等各种具有创新意识的技术来突破防守一方的防守，而防守一方则运用各种协防战术来进行防守，倘若进攻方投篮没有命中，而进攻方能够抢到篮板球则继续进行下一轮的进攻，若防守方能够抢到篮板球，则必须将球传出或者运出三分线意外再实施进攻。通过这种运用各种篮球技术的配合，三个队友之间可以进行互相商量，采取怎样的方式进攻，采取怎样的方式防守，学生的积极性得到充分的发挥，其自身的思维创造力得到了有效的锻炼，使得学生的篮球技巧与战术都获得了巨大的提升。

篮球技术教学是篮球课的核心内容之一，在技术教学中运用篮球游戏的要求是：第一，新授技术时不宜使用游戏进行教学。在技术动作形成的初始阶段，教师要充分发挥其主导作用，通过简洁的讲解和正确的示范，突出动作要点，并且通过多次反复练习使学生掌握动作的基本结构。倘若这时运用游戏来辅助教学，其结果往往恰恰相反。因为在这一阶段，学生的动作生疏、僵硬、不协调，多余动作较多，易受其他动作的干扰性，游戏教学不但不能使学生集中精力学习动作，相反游戏所带来的过强或不相干的额外刺激会妨碍技术动作定型。第二，在运动技能的巩固提高阶段，应科学而慎重地运用篮球游戏。随着学习的不断深入，学生的技术动作已初步建立，但还不稳定，当新异刺激出现时动作容易变形。此时，可以适当运用一些相关的游戏来巩固新学的技术动作，但游戏胜负的判别应以准确性和规范性作为标准。如："罚球连中"游戏，规定连续罚中两个球计 1 分，先得 5 分的队员为胜。在这些游戏中，学生就会注重投篮动作的质量以求提高命中率，从而取得显著的教学效果。反之，如："罚球比多"，一定时间内罚球得分多的队为胜。这个游戏就会使学生加快投篮速度，以在有限的时间内增加投篮的总次数来增加命中次数，其结果就是造成学生不顾正确的投篮动作而急忙出手。第三，动作已达到自动化阶段，要选择有一定对抗性和组合性的游戏。当学生的技术动作已形成动力定型，达到自动化程度时，就应增加游戏的难度。如：在进行篮球运球技术教学中，学生掌握了基本动作要领之后，为进一步提高运球时保护球的能力和在身体对抗条件下运用技术的能力，可以选用"护自己球、抢别人球"的游戏，在游戏的竞争和身体碰撞中进一步巩固和提高所学技术。

（三）战术教学中的运用

篮球战术教学是篮球教学中的重点和难点，在这一过程中，既要培养学生团结合作的集体主义精神，使他们能按照既定的配合方法协同作战，又要激发学生在战术实施中发挥主观能动性，合理地进行个人机动攻守行动。因此，如何在战术教学中运用游戏，就应认真地去对待。

一方面，对于较简单的战术配合，可以利用游戏教学。例如："人盯人防守的游戏"，将队员分成人数相等的两队，每队5—6名队员在全场内进行攻防游戏。防守队员按合理分工找好自己的对手，进攻者除不能运球外，其他的按篮球竞赛规则进行。从中圈跳球开始，进攻队员无球者则要想法摆脱防守，力争接球攻击或将球传给同伴攻击。而防守队员则尽量不让对于摆脱成功，并破坏对方的传接球和投篮，以达到控制球的目的。通过这个游戏，可以培养防守者紧逼对手的意识，提高积极封盖投篮和干扰传球的能力，以及练习根据球的位置进行合理的选位，以便与同伴进行协同防守。另一方面，对于比较复杂的篮球战术，则不宜采用游戏教学。由于篮球战术包含技术、意识、阵势、方法和路线等诸多要素，具有机动性、多样性、整体性和综合性的特征，其组织形式多种多样，争夺范围时小时大。这些在一个篮球游戏中很难体现出来，实际上也没有很恰当的游戏能对此起到有效的操练。

（四）在整理活动中的运用

这部分的篮球游戏的安排主要是注重游戏的娱乐性、趣味性，有助于消除疲劳，使学生很快地从紧张状态过渡到相对安静状态，使机体的生理、心理得到放松。例如，抱球接力跑游戏就很有娱乐性。方法：把全班分成三个组，每组第一人学生抱三个篮球从 A 点起跑跑到 B 点，再返回 A 点，将球放到 A 点的筐内，后面学生在筐内抱三球后按以上路线依次进行抱球接力跑，规则：球不能掉地，必须抱三个球跑。这种游戏具有一定的娱乐性、趣味性，可以消除紧张、疲劳，达到放松的效果，又可以达到课后整理和收拾器材的目的。

四、篮球教学训练中运用和组织游戏的注意事项

（一）篮球游戏中应融入思想品德教育

篮球游戏教学作为一种教育手段，对学生的篮球技术与技能的学习起到促进作用。其中起主导作用的是学生的学习兴趣、动机、意志、信念等诸多因素，教师在教学中的合理引导也起着举足轻重的作用。因此，在运用篮球游戏时应注意选择有激励作用的，使学生掌握互相帮助、配合、理解尊重等人际关系，以达到教学育人的最终目的。

（二）篮球游戏应培养学生的思维创造力

游戏有具体的情节和特定的规则，学生在进行游戏时，可以充分发挥想象力和创造力，发展思维，提高创造力。

（三）篮球游戏应适合学生的身体差异和水平差异

教师应根据学生的身体素质、生理特点和技战术水平，坚持照顾全面、提高个体的原则，有针对性地安排一些具有提高反应性、灵敏性、技术性、趣味性、娱乐性、简单易学的篮球游戏。如，体质差的或女生可以安排体侧、头上、胯下传球接力，而身体素质好、技术高的学生可以采用力量性、耐力性、竞争性的游戏。如运球接力、运球比快、连续打篮板比多等游戏。在设计游戏教学方案时，应充分考虑学生体型差异，男女学生的年龄特征，生理与心理特点等方面的差异性，对不同基础水平、不同身体素质的教学对象，应选用适当的游戏形式和合理的生理、心理负荷。

（四）紧密配合篮球技术教学运用游戏

不同内容的游戏教学所达到的目的是不同的。在练习传接球技术时可以选择快速传球、传球比多等游戏，提高学生对传接球正确手型、用力部位等基本的技术认识。学习抢断球技术时可选择运球互抢，运球抢，看谁抢得多和打球、保护

球等游戏，练习学生的反应能力和突然加速、减速能力。学习运球技术时可选择折线运球，绕杆运球接力，8字运球接力等游戏，提高大家的控球能力和拍球部位、手感。

（五）应根据课的不同部分合理运用篮球游戏

在体育教学中，课的结构一般是由开始、准备、基本、结束几个部分组成。开始部分时间短，学生的积极性和注意力差，最好安排一些能集中学生注意力，容易组织，学生参与率高，能调动学生积极性的游戏项目。如，抛球报数的游戏。它既可以达到集中学生注意力，又很少调动队形，减少了不必要的时间浪费。基本部分是学生学习技术动作的关键部分，必须利用好这一阶段，充分调动学生学习的积极性，达到让学生掌握篮球教学任务的目的。如，躲闪运球等游戏将篮球的基本技术游戏化来教学，使教学方法更加灵活，增加了练习的趣味性。虽然加大了练习的难度，但吸引了学生全身心投入练习，更有利于动作技能的掌握。结束部分的游戏主要是注重游戏的放松性、娱乐性、趣味性，这样可以达到消除疲劳、紧张的效果，又可以达到放松的目的。

（六）篮球游戏的运用应注意适时适量

如果在一节课中，篮球游戏教学内容安排得过多，比重过大，就会主次颠倒，影响正常的教学程序。反之，学生在学习时会感到单调、枯燥，甚至产生厌倦情绪。这就无法提高学生的积极性，无法达到应有的教学效果。所以在教学中应注意适时适量地运用游戏，以促使教学收到良好的效果。

（七）运用篮球游戏应注意的问题

避免伤害事故。由于篮球游戏动作幅度较大，形式多样，活动起来有些情况难以控制，因此，容易造成伤害。所以游戏前教师要充分考虑到哪些动作难度较大且易出现危险，在讲解、示范时应反复强调，明确规则，提出要求，以发挥教师的主导作用。

游戏教学在循序渐进的同时，要注意为目的任务服务。游戏教学要在掌握学生情况的前提下，制订出由简到繁、由易到难、循序渐进、切实可行的教学计划。在选择游戏时，应根据体育教学的任务，既要考虑到合理安排运动量、密度，又要考虑到全面锻炼身体，以达到增进健康的目的。

游戏教学要加强组织。为达到较好的游戏效果，教师课前要认真钻研教材、教法，备好课，做好一切准备工作，以充分应对可能出现的问题。游戏竞赛要考虑趣味性，在分队比赛时，学生水平要相近，人数要相等，以更好地发挥游戏的作用。游戏讲解示范是教学的重要环节。因此，讲解必须简练、明确、易懂、突出重点。示范要正确、生动、形象、逼真。讲评应以表扬为主，要表扬积极练习的学生，并指出不足和努力方向，起到教育作用。

　　选择游戏要从实际出发。学生性别、年龄上的差异，直接影响其心理、生理的变化。应根据学生身体技术及场地和气候等的不同，制定出适合各自特点的有效措施。总之，应根据体育教材的要求及课时分配，在技术教学时，首先使学生初步掌握动作、方法。其次，运用大量的、多种形式的游戏性比赛，提高学生学习效果和篮球技术。游戏教学原则是由易到难、由简到繁、由单一技术过渡到多种技术。教师在教学实践中认真研究，注意观察思考，加强备课，就会设计出切合实际的篮球游戏，更好地为教学服务。

篮球游戏案例（25例）

游戏案例51：交朋友

【适合年级】

　　小学中高年级

【游戏方法一】

　　在九宫格的一侧加一列方格组成新的图形，然后在新图形的两边各连接一列方格（可用软梯代替）。两人相对站立，在各自的起点准备。游戏开始后，两人沿一列方格右手运球到同一个图形内。此时，两人同时右手原地运球两次（同时说"你好"）后，一起做体前变向换手运球，变向后两人沿对方来时的路线左手运球至对方的起点，游戏结束。

　　如图51-1、51-2、51-3、51-4所示。

图51-1　　　　　　　　　　图51-2

图51-3　　　　　　　　　　图51-4

【游戏方法二】

在九宫格的一侧加一列方格组成新的图形，然后在新图形的两边各连接一列方格。将学生平均分成两组、分站两端，每人一球。游戏开始后，各组第一名同学沿一列方格右手运球到同一个图形内。此时，两人边握手、边右手原地运球两次（同时说"你好"）后，一起做体前变向换手运球，变向后两人沿对方来时的路线左手运球至对方的起点，后面同学按照以上方法继续游戏。

【游戏方法三】

按照方法一中的图形和练法，在两端同时增加若干个方法一中的图形，让学生分站两端，两边同学按图形运球到达对面，两边同时出发，前一个人做完第二个体前变向的图形后，下一位同学出发，每两个人相遇时，都要在新图形内完成原地体前变向动作，待所有人到达对方的起点后，游戏结束。

【游戏规则】

方法一中，右手原地运两次球，每次运球对应一个字（"你""好"），并且两人运球节奏要一致，"你好"要让对方听见。第二种方法边运球两次、边握手、边说"你好"。第三种方法，每两个人相遇时，要在同一个图形内体前变向换手运球。注意变向后启动速度要快，直线运球时人在线外走、球在格中落。

【游戏目的】

巩固曲线运球的技术动作，体会快速变向以及变向后突然启动的那一步，提升手脚协调配合的能力。通过游戏让学生养成相互问好的好习惯，提升两人的默契度，增进同学之间的友谊。

【温馨提示】

前期学生利用一列方格学习了直线运球，也在九宫格内练习了原地体前变向动作，对方格图形在运球中的运用并不陌生。将这些图形重新组合，便于学生学习完整的曲线运球技术。在九宫格的一侧加一列方格便于两名学生在同一个图形内练习，从而更好地体会变向后肩靠肩的动作。此游戏包含了曲线运球的完整动作，刚开始练习，可以让学生只说"你好"、不握手，且直线运球时，让学生走着运球，待学生做熟练后，再加上握手动作，此时的直线运球不要刻意要求学生每格运一次球，要的是快速运球移动的效果。

【游戏思考】

以学生为主体，教师起主导作用。在培养篮球兴趣过程中，学生与老师之间的关系是相互作用、相互影响的。影响学生对篮球兴趣的关键因素在于老师能否了解学生的心理、生理和个性特征，以及现代教育学的内涵，是否能坚持"以学生为主体"的根本宗旨。教师在教学过程中要以鼓励为主，让学生一直充满对篮球的学习兴趣，促进学生身心健康发展。

游戏案例52：快乐翻倍

【适合年级】

小学中高年级

【游戏方法一】

在场地内画上两列平行的方格，将学生平均分成两组分站两端。第一名同学手持两个篮球站在起点。游戏开始后，两只手同时运两个球，人在两列方格中间走（跑），球在两侧格中落，每格运球一次。运到没有方格的位置后，将两个球交给对面的同伴，对面的同伴以同样的运球方式回来，再交给下一位同伴，直到最后一名同学到达对面，游戏结束。

如图52-1所示。

图52-1

【游戏方法二】

将学生平均分成几个队进行比赛。每队排头持两个篮球，沿本队前面的两列方格双手运球，人在两列方格中间走（跑），球在两侧格中落，每格运球一次。到达方格尽头后，转身运球返回起点，将篮球交给下一位小伙伴，形成接力，哪个队先完成哪个队获胜。

【游戏方法三】

在场地内画上两列平行的方格，将学生平均分成两组分站两端。第一名同学手持两个篮球站在起点。游戏开始后，两只手同时运球，隔一格落一次球，运到没有方格的位置后，将两个球交给对面的同伴，对面的同伴以同样的运球方式运球回来，再交给下一位同伴，直到最后一名同学到达对面，游戏结束。

【游戏规则】

第一、第二种方法运球时，两个球要同时落地，每格运一次球。第三种方法是隔一格运一次球。同伴交球时不能扔或抛，只能将球递到同伴手里。若丢球，立即捡回、继续运球。

【游戏目的】

发展学生左、右手同时运球的能力，以及身体协调性。让学生学会控制篮球，增强球性。

【温馨提示】

学生要具备一定的双手运球能力才能进行此游戏。运球同学运一个折返，转身时球不动、人转个方向即可。还可以让学生尝试不转身、倒着运球回起点等。当然，倒着运球就不必按格运了，但要注意安全。（可用绳梯代替方格）

【游戏思考】

为了让学生对篮球学习的兴趣能够稳定和持久，教师需要在教学过程中进行思想教育，树立正确的学习动机，明确学习目的和任务，培养学生胜不骄、败不馁的优良品质和团结合作的集体主义精神，培养艰苦奋斗、积极进取的品质。

游戏案例53：左右开工

【适合年级】

小学中高年级

【游戏方法一】

在场地内画上两列平行的方格，将学生平均分成两组分站两端。第一名同学手持两个篮球。游戏开始后，两只手交替运球，人在两列方格中间走（跑），球在两侧格中落（需要运球的格内画上小星星），左右手交替运球。运到没有方格的位置后，将两个球交给对面的同伴，对面的同伴以同样的运球方式运球回起点，再交给下一位同伴，直到整队同学全部做完，游戏结束。

如图53-1所示。

图53-1

119

【游戏方法二】

将学生平均分成几个队进行比赛。每队排头持两个篮球，沿本队前面的两列方格双手交替运球，人在两列方格中间走（跑），球在两侧格中落（需要运球的格内画上小星星），左右手交替运球。到达方格尽头，转身运球返回起点，将篮球交给下一位小伙伴，形成接力，哪个队先完成哪个队获胜。

【游戏方法三】

将学生平均分成几个队进行比赛。每人持两个篮球，沿本队前面的两列方格双手交替运球，人在两列方格中间走（跑），球在两侧格中落（需要运球的格内画上小星星），左右手交替运球。到达方格尽头后，将球放在呼啦圈中，徒手跑回起点，形成接力，哪个队先完成哪个队获胜。

【游戏规则】

运球时，两个球要交替落地，要在有小星星图案的方格内运球。运球转身时，不必一定在有小星星的方格内运球。若丢球，立即捡回继续游戏。

【游戏目的】

发展学生左、右手的运球能力，以及身体协调性，提高学生行进间运球的水平。

【温馨提示】

此游戏对学生双手运球能力的要求较高。刚开始练，可以让学生每格运一次球，走着运球。待熟练掌握之后，可以让学生跑着每格运一次球。最后，再要求学生只砸小星星练习。（可用绳梯代替方格）

【游戏思考】

尽管基础教育课程改革提出了"健康第一"的理念，但传统体育教学依然更注重传授体育知识、技能。体育教学中，学生存在的意义更多是为了掌握体育技能、知识，却不是为自己、为当下而活着。提出"体育教学以游戏的方式存在"是建立在学生本体存在的基础之上，突出当下现实生活的价值。因为游戏就是为了"享乐""自我满足"，它没有外在目的。这时，技术、知识退居到次要的位置，而人成了"目的"。尤为重要的是，把教学看作游戏，凸显了体验的地位，是人与社会的彼此交融。此时的技术、知识获得，是一种"存在性的获知"，其实质上就是对存在意义的感悟与追问。篮球教学以游戏作为内在本质，关注了学生作为人的存在意义，也是对"健康第一"理念的真正诠释。

游戏案例54：运球对抗

【适合年级】

小学中高年级

【游戏方法一】

两名同学重心降低、肩并肩站立，各持一球。游戏开始后，两位同学均外侧手运球，边运球边相互挤对方，在规定范围内，谁将对方挤出边线谁就获胜。

如图54-1所示。

图54-1

【游戏方法二】

两名同学重心降低、肩并肩站立，其中一人持球。游戏开始后，持球同学外侧手运球，边运球边挤对方，无球同学持续用力挤对方，两人保持直线前进，到达终点，游戏结束。

【游戏方法三】

3名同学一组，两组（6人）进行比赛，三局两胜制，每局每组各派一名同学运球对抗，不能重复出战。比赛时，两位同学均外侧手运球，边运球边相互挤对方，在规定范围内，谁将对方挤出边线谁就获胜，胜两局的组获胜。

【游戏规则】

游戏时要边运球边挤对方，肩靠肩持续用力，不可有犯规动作。将对方挤出界后，自己还要保持运球状态。若丢球、要捡回，从丢球处开始比赛，若球已出界，则算输。

【游戏目的】

提高学生的控球能力以及抗干扰能力，体验篮球比赛中队员之间的合理冲撞。通过对抗来发展学生的上肢力量，边运球边对抗来发展学生的身体协调性。教会学生知己知彼才更容易赢得比赛，培养学生的团队合作能力。

【温馨提示】

第一次接触这类游戏的学生会显得手忙脚乱，教师可以先让学生做无球的对抗动作，体会对抗时的用力方法与碰撞部位，然后再加上运球动作进行游戏。

【游戏思考】

游戏是游戏者在"自由"中安排和规划活动。学生在自由享受游戏的同时，身心得到最大程度地放松和自由，无疑是有利于学生身体、智力发展的。尤为重要的是，篮球教学成为游戏，突出了体验的价值，从而为学生道德、审美素质的发展奠定了基础。道德的养成、审美素质的发展关键在于形成学生的道德、审美情感体验。通过创设不同的游戏情境，让学生入情入境，与对象之间处于交融之中，从而产生道德、审美情感体验。总之，篮球教学成为游戏，是对传统体育教学（体育教学作为认识活动）偏重生物学和生理学意义的超越。

游戏案例55：假转身运球

【适合年级】

小学中高年级

【游戏方法一】

多名学生一组进行比赛。学生根据场地上的图形选择运球方式，遇到一列方格采用直线运球，遇到"田"字格在格内假转身运球后，再次启动运球，谁先到达终点谁获胜。

如图55-1、55-2、55-3所示。

图55-1   图55-2   图55-3

【游戏方法二】

　　学生根据场地上的图形选择运球方式，遇到一列方格采用直线运球，遇到"田"字格在格内假转身运球。在"田"字格处，设置一名防守队员（消极防守），当运球队员做完假转身再次运球突破后，防守队员不必跟随，等待防守下一名同学即可。

【游戏方法三】

　　将学生平均分成若干个队，每队平均分成两组分站两端。游戏时，第一名持球学生根据场地上的图形选择运球方式，遇到一列方格采用直线运球，遇到"田"字格在格内假转身运球后，再次启动运球，到达对面后将球交给对面的同伴，对面的同伴换另一只手做同样的动作返回，形成迎面接力。哪个队先完成哪个队获胜。

【游戏规则】

　　根据图形选择运球方式。假转身运球时，转身要慢，同时头向后看，再次启动的速度要快。若丢球，立即捡回继续游戏。防守队员只防守在自己负责的"田"字格内做假转身的同学。

【游戏目的】

　　巩固假转身运球的技术动作，体会游戏过程中手按压球的位置的变化。急停时，手按压球的正上方，向后假转身时，手按压球的前上方，再次启动时，按压球的后上方。通过游戏培养学生快速运球的能力，进一步熟悉球性，提高手控球的能力。提高学生的应变能力。培养学生团结合作的意识。

【温馨提示】

前期学生已经学会了利用一列方格练习直线运球技术，也学会了怎样利用"田"字格学习假转身动作。将两种图形组合创编出新的游戏。游戏是为比赛服务的一种手段，做游戏前，教师要讲清楚假转身动作的精髓：假转身动作向后转身要慢是为了吸引防守队员，让其以为队员要真转身，当其封堵另一侧时，进攻队员要快速回转身，并启动加速运球，摆脱防守队员。加防守练习时，运球同学不必一定按格运球，做出假转身动作即可。

【游戏思考】

游戏是自由的，游戏者可以自由地安排和规划游戏活动本身。篮球教学过程也应当由作为"游戏者"的师生共同自由地安排和规划，而不是教师一方说了算。虽然教学理论强调教师的备课要备学生，但在这里是超越的，学生不再是被想象的，而是作为"游戏者"面对面地与教师商谈教学过程的开展。游戏的自由不意味着混乱和自我放任。在教学上，就需要教学纪律来规范了。需要注意的是，学生间有结构的对话，是他们体育学习经验的有价值的组成部分，不属于混乱、自我放任的范畴。

游戏案例56：曲线运球游戏

【适合年级】

小学中高年级

【游戏方法一】

多名学生一组进行比赛。学生根据场地上的图形选择运球方式，遇到一列方格，采用直线运球，遇到九宫格，在格内做体前变向换手运球后，再次启动运球，谁先到达终点谁获胜。

如图56-1、56-2所示。

图56-1	图56-2

【游戏方法二】

　　将学生平均分成若干个队，每队平均分成两组分站两端。游戏时，第一名持球学生根据场地上的图形选择运球方式。遇到一列方格采用直线运球，遇到九宫格，在格内做体前变向换手运球后，再次启动运球，到达对面后，将球交给对面的同伴，对面的同伴做同样的动作返回，形成迎面接力。哪个队先完成哪个队获胜。

【游戏方法三】

　　多名学生一组。学生根据场地上的图形选择运球方式，遇到一列方格，采用直线运球，遇到儿宫格，在格内做体前变向换手运球。在九宫格处设置一名防守队员（消极防守），当队员变向运球后，防守队员不必跟随，等待防守下一名同学。

【游戏规则】

　　根据地面上的图形选择运球手和运球方式。一列方格是直线运球，方格在右手边右手运球，方格在左手边左手运球。遇到九宫格原地体前变向换手运球，右手运球进入九宫格，左手运球出九宫格，左手运球进入九宫格，右手运球出九宫格。变向动作要协调、连贯。

【游戏目的】

　　巩固体前变向换手运球的技术动作，变向动作要迅速。培养学生左、右手的协调能力，培养学生快速运球的能力，培养学生的节奏感。提高手指控球的能力，提高学生的应变能力。

【温馨提示】

　　根据篮球场的长度设置3—4个九宫格为宜，左、右手变向运球交替进行。刚开始要求学生直线运球按格运球，待熟练后可让学生少运球多迈步（但不能走步）。加防守练习时，运球同学不必一定按格运球，做出变向动作即可。

【游戏思考】

　　游戏的表现形式是多样的，一切有利于教学的游戏表现形式都可以创造性地运用。体育运动技术、技能和知识是不确定的，对学生来说，最多只是他们根据自己个人经验进行理解的"引子"。新的课程标准在"健康第一"的指导思想下，将相对封闭的学校体育与社会生活更好地衔接，把学校体育最终融入青少年的终身健康的生活中。

　　本游戏把技术的内容游戏化，把游戏化的内容形象化，由易到难让学生逐步体会篮球技术动作。建议教学中还可以增加难度，随着学生运球熟练度的提高，可在九宫格前增加障碍物，进一步提高学生控球的能力。

游戏案例57：组合游戏

【适合年级】

　　小学中高年级

【游戏方法一】

　　多名学生一组进行比赛。学生根据场地上的图形选择运球方式，遇到一列方格，采用直线运球，遇到"田"字格，在格内假转身运球，遇到九宫格，在格内做体前变向换手运球，谁先到达终点谁获胜。

　　如图57-1、57-2、57-3、57-4所示。

图57-1　　图57-2

图57-3   图57-4

【游戏方法二】

将学生平均分成若干个队，每队平均分成两组分站两端。游戏时，第一名持球学生根据场地上的图形选择运球方式。遇到一列方格，采用直线运球，遇到"田"字格，在格内假转身运球，遇到九宫格，在格内做体前变向换手运球，到达对面后，将球交给对面的同伴，对面的同伴按图形运球返回，形成迎面接力。哪个队先完成哪个队获胜。

【游戏方法三】

多名学生一组进行比赛。学生根据场地上的图形选择运球方式，遇到一列方格，采用直线运球，遇到"田"字格，在格内假转身运球，遇到九宫格，在格内做体前变向换手运球。在九宫格、"田"字格处各设置一名防守队员（消极防守），当队员运球离开后，防守队员不必跟随，等待防守下一名同学。

【游戏规则】

根据图形选择运球手和运球方式。一列方格对应直线运球，方格在右手边、右手运球，方格在左手边、左手运球。遇到"田"字格要假转身运球，哪只手运球进"田"字格，哪只手运球出"田"字格。遇到九宫格就原地体前变向运球，右手运球进入九宫格，左手运球出九宫格，左手运球进入九宫格，右手运球出九宫格。

【游戏目的】

巩固多种运球方式，提高学生的应变能力。培养学生手、眼、脚协调配合的能力。提高学生快速运球的能力。增强学生的运球节奏感。提高手控球的能力。

【温馨提示】

"田"字格、九宫格和一列方格可任意排列组合。在实际操作中，教师可根据学生的实际情况及本次课的教学目标来选择组合方式。待学生熟练掌握后，直线运球时均可让学生少运球多迈步（但不能走步）。

【游戏思考】

把"游戏"作为一种实体性活动方式，是停留在认识论的层面上，游戏被当作了体育教学的工具，只是让体育教学获得了游戏的外在形式，其内在品格就会被埋没、甚至丧失殆尽，这时游戏已经不是纯粹意义上的游戏了。

本游戏教师借用"田"字格、九宫格、一列方格组合的形式展开游戏设计，把运球技术融入其中，通过各种方格变化提高了学生的场上应变能力。方格的应用比较简单，这些是教师对生活资源的一种巧妙利用。其实在生活中还有许多资源可利用，只要认真观察、仔细研究就能找到切入点。

游戏案例58：运球上下楼梯

【适合年级】

小学中高年级

【游戏方法一】

利用学校现有场地，让学生运球上楼梯、下楼梯，中间平台直线运球，每一级台阶运三次球。

如图58-1所示。

图58-1

【游戏方法二】

利用学校现有场地，让学生运球上楼梯、直线运球、运球下楼梯，每一级台阶运一次球。教师计时，两人一组，第一名同学运球上、下楼梯后，继续从跑道上运球返回起点，将球交给下一位同学，形成接力。哪组用时最短哪组获胜。

【游戏方法三】

利用学校现有场地，两人一组，共同完成运球上楼梯、直线运球、运球下楼梯。游戏开始后，第一名同学开始运球，每一级台阶运一次球，若运球途中球丢了，则由第二名同学接着他失误的地点继续运球，若第二名同学在到达终点之前再次失误，则继续由第一名同学接着运球，两人接力，直到完成比赛。哪组换人次数少哪组获胜。

【游戏规则】

第一种方法，每一级台阶运球三次。第二、第三种方法，每一级台阶运球一次。若出现失误，第一种方法，立即捡球排到队尾继续游戏；第二种方法，立即捡球从失误地点继续游戏；第三种方法，换人继续比赛。

【游戏目的】

提高手控球的能力。培养学生合作的意识。

【温馨提示】

刚开始游戏时，可以让学生每级台阶多运几次球，增强稳定性，熟练后再逐渐减少运球次数，最后再要求速度。当然，练习右手运球的同时，不要忘记左手。

【游戏思考】

游戏是体育运动的起源，是体育运动的本质所在，游戏也是人及其活动的存在方式。在这种游戏理念指导下，游戏就是体育教学实践的存在方式。体育教学以游戏的方式存在，成为唤醒学生对身体活动兴趣的手段和方法，重视了"对话""体验"和当下的"享乐"，强调了自由、开放及不断创新，这都无疑为体育教学焕发生命的活力提供了重要的保证。

本游戏借自然地形进行创新设计，进一步提高学生运球、控球的能力，实际教学中教师可仔细观察，学校校园内各种场地环境，在确保安全的情况下开展教学活动。

游戏案例59：篮下右晃接球投篮

【适合年级】

小学中高年级

【游戏方法一】

学生两人一组，一名同学（持球）在端线后的指定区域站好，另一名同学（徒手）在场地内指定区域准备。游戏开始后，该同学跑到标志桶前向右虚晃，然后迅速向左前方切入，接同伴的球篮下擦板投篮，两人共同抢篮板球，而后互换角色再练习。

如图59-1所示。

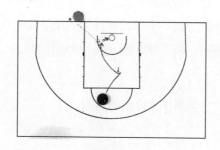

图59-1

【游戏方法二】

学生3人一组，两名进攻、一名防守队员。一名同学（持球）在端线后的指定区域站好，另一名同学（徒手）在场地内指定区域准备，防守队员消极防守该同学。游戏开始后，该同学跑到罚篮线以内向右虚晃，然后迅速向左前方切入，伸手接同伴的球篮下擦板投篮，然后3人共同抢篮板球，反复练习。

【游戏方法三】

学生3人一组，两名进攻、一名防守队员。一名同学（持球）在端线后的指定区域站好，防守队员封其传球。另一名同学（徒手）在场地内指定区域准备。游戏开始后，该同学跑到标志桶前向右虚晃，然后迅速向左前方切入，接同伴的球篮下擦板投篮，3人共同抢篮板球，而后交换角色再练习。

【游戏规则】

假动作要逼真，切入要快，投完篮记得抢篮板。传球者的传球动作要标准、隐蔽，落点要准确。方法二中防守队员消极防守，不断球、不盖帽。

【游戏目的】

体会徒手摆脱过人的动作，以及抢篮板技术，提高篮下投篮的准确性。培养学生之间的合作意识。增加学生的身体对抗，从而尽快适应比赛。

【温馨提示】

这个游戏实用性较强，它是掷界外球队员与场内队员的小配合。游戏前可以先给学生讲解理论知识，然后进行无防守的练习，当学生熟练后，再进行有防守练习。先以消极防守为主，后期再进行二打二实战。

【游戏思考】

把"游戏"作为一种实体性活动方式，是停留在认识论的层面上，游戏被当作了体育教学的工具，只是让体育教学获得了游戏的外在形式，其内在品格就会被埋没甚至丧失殆尽，这时游戏已经不是纯粹意义上的游戏了。在本体论的意义看来，存在就是游戏，游戏是人及其活动的存在方式。

本游戏是借鉴了其他活动内容，以掷界外球与场内队员配合的形式展开游戏的，涉及抢篮板、投篮、虚晃、运球、接球等一系列篮球技术动作，这些技术以组合游戏的形式呈现，日常教学中必须要考虑到学生技术基础循序渐进、层层深入。

游戏案例60：抢汤圆

【适合年级】

小学中高年级

【游戏方法一】

将学生平均分成4组，分别站在篮球半场的4个角，每个角上放置一个铁环，用来放"汤圆"（篮球），各组第一名学生手持两个体操棒充当"筷子"，用来抢"汤圆"，半场的中间放置一个呼啦圈，里面放满了"汤圆"。游戏开始后，各组第一名学生快速跑至中间用"筷子"夹住"汤圆"返回起点，放在铁环中，然后把"筷子"交给同伴，继续游戏，形成接力，直到中间的"汤圆"被抢光游戏结束，哪组"汤圆"个数多哪组获胜。

如图60-1所示。

图60-1

【游戏方法二】

每组两人，4个组分别站在篮球半场的4个角，每个角上放置一个铁环，放入两个"汤圆"（篮球），各组第一名学生手持两个体操棒充当"筷子"，用来夹"汤圆"，半场的中间放置一个呼啦圈，用来装"汤圆"。游戏开始后，各组第一名学生用"筷子"夹住"汤圆"快速跑至中间放在呼啦圈中，然后快速返回起点把"筷子"交给同伴，继续游戏，形成接力，直到本组铁环内没有"汤圆"了，游戏结束，哪组先完成送"汤圆"哪组获胜。

【游戏方法三】

4名学生一组，分别站在篮球半场的4个角，每个角上放置一个铁环，放入三个"汤圆"（篮球），每名同学手持两个体操棒充当"筷子"，用来抢"汤圆"。游戏开始后，同学们快速跑到其他组用"筷子"抢别人的"汤圆"，放回自家的铁环内，在规定时间内，谁家的"汤圆"多谁就获胜。

【游戏规则】

要用"筷子"夹"汤圆"，手不能触碰"汤圆"。若"汤圆"掉落，则立即捡起，从掉"汤圆"处继续游戏。抢回（送出去）的"汤圆"放在铁环（呼啦圈）中才有效。

【游戏目的】

提高学生奔跑能力，发展学生上肢力量。培养学生之间的合作意识。

【温馨提示】

夹"汤圆"是一个难点，可以提示学生把"汤圆"夹在"筷子"中间部位，不容易掉。返回起点后，让学生把"汤圆"放进铁环内，而不是扔进去。送"汤圆"也是同理，要把"汤圆"放稳。除了捡球回掉落点可以用手，其他情况均不得用手触碰"汤圆"。

【游戏思考】

创新的篮球教育教学方法刺激了学生的学习热情，使学生在日积月累的学习过程中懂得了创新和坚持。因此，游戏不再是简单地玩，而是有目的、有组织的教学过程。

游戏案例61：水到渠成

【适合年级】

小学中低年级

【游戏方法一】

学生10—15人一组，将几个体操垫连成一个"水渠"，4个人控制一个体操垫。一名学生将球放在"水渠"的一端，其他同学调整手中体操垫的倾斜度，保证球顺利滚过"水渠"，球从"水渠"的另一端滚出游戏结束。

如图61-1所示。

图61-1

【游戏方法二】

学生10—15人一组，将几个体操垫连成一个"水渠"，4个人控制一个体操垫。一名学生将球放在"水渠"的一端，其他同学调整手中体操垫的倾斜度，保证球顺利滚过"水渠"，到达另一端后，再让球滚回起点，来回滚动三次，游戏结束。

【游戏方法三】

全班学生一组，将几个体操垫连成一个圆形"水渠"，4个人控制一个体操垫。一名学生将球放在"水渠"的起点，其他同学调整手中体操垫的倾斜度，保证球顺利滚过"水渠"，球滚动一圈再次回到起点，游戏结束。

【游戏规则】

控制体操垫的学生不得用身体或手碰球。若球中途掉落，则要从起点重新开始。

【游戏目的】

提高学生的平衡力，增强学生团队配合的能力。

【温馨提示】

这是一个能增强学生凝聚力的游戏，教师可根据本班学生人数合理增、减体操垫的数量。年龄大一些的学生可以增大难度，两人控制一个体操垫。

【游戏思考】

在教学中适当地运用比赛教学，可以激发学生的斗志，调动学生积极向上的意志，能更大地发挥学生的主动性和积极性，对于提高他们学习篮球的兴趣有着很大的促进作用。

"水渠"游戏能有效地调动学生练习的积极性，使大家都全神贯注地完成运输任务，方法一、二、三都是一个固定的可循环的路径，教学中还可以在跑道上分好小组，每8人一大组，2人一块小垫，当球从小垫上向前滚后，这2人迅速排列到前面，把"水渠"向前继续延伸，形成移动式"水渠"。比赛中要设置好起点和终点，明确好游戏方法与规则。

游戏案例62：交叉步接球投篮

【适合年级】

小学中高年级

【游戏方法一】

学生两人一组，分别站在三分线外两侧的45°位置，一侧同学持球，另一侧无球同学，做无球摆脱动作到罚球线位置交叉步接球急停投篮，无论球中与否，两人均抢篮板球。做完两人互换角色。

如图62-1所示。

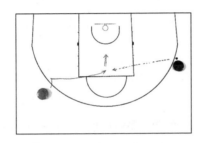

图62-1

【游戏方法二】

学生3人一组，两名进攻、一名防守队员。进攻队员分别站在三分线外两侧的45°位置，一侧同学持球，另一侧无球同学，做无球摆脱动作到罚球线位置交叉步接球急停投篮，防守队员站在三秒区内伸手干扰投篮同学。无论球中与否，3人均抢篮板球。做完3人轮换位置再练习。

【游戏方法三】

学生3人一组，两名进攻、一名防守队员。进攻队员分别站在三分线外两侧的45°位置，一侧同学持球，另一侧无球同学，做无球摆脱动作到罚球线位置交叉步接球急停投篮，防守队员防守无球摆脱的同学，并伸手干扰其投篮。无论球中与否，3人均抢篮板球。做完3人轮换位置再练习。

【游戏规则】

必须用交叉步接球急停投篮。第二种方法的防守队员背向篮筐、上举手臂干扰对方投篮即可，不必盖帽。第三种方法的防守队员跟随做摆脱假动作的队员，当其投篮时，伸手干扰，但不要打手犯规。进攻、防守队员都要抢篮板，注意先挡人、再跳起抢篮板球。

【游戏目的】

学习外线队员之间的进攻小配合，增强团队合作意识。巩固交叉步急停投篮的技术，提高投篮命中率。

【温馨提示】

这是两名外线队员之间的简单配合，为了让学生更好地体会交叉步急停投篮，可以在投篮点前设置标志桶，让学生交叉步越过标志桶，增加横向移动的距离。在游戏时，还要提醒传球队员注意传球隐蔽性。

【游戏思考】

让学生们在激烈的比赛中学习篮球知识、掌握篮球技能，最主要的是培养学生们团结协作精神，形成优良的意志品质，促进学生身心发展。

本游戏中，教师在日常教学中要抓住重点、解决实际难点，先让学生体会接球投篮、降低难度，然后在增加交叉步接球投篮或其他形式内容，交叉步动作教师要给予关注，动作不正确不标准时，教师要及时示范，引导让学生建立正确技术概念。

游戏案例63：接球虚晃交叉步突破投篮

【适合年级】

小学高年级

【游戏方法一】

学生两人一组，一名同学（持球）在三分线外45°站好，另一名同学（徒手）在三分线弧顶位置站好。游戏开始后，无球同学做无球摆脱动作切入罚球线附近，接到同伴的传球后做投篮假动作，而后运球交叉步急停投篮，无论球中与否，投完篮后两人均抢篮板球。

如图63-1所示。

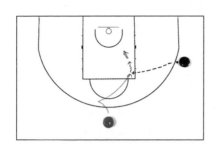

图63-1

【游戏方法二】

学生3人一组，两名进攻、一名防守队员。一名同学（持球）在三分线外45°站好，另一名同学（徒手）在三分线弧顶位置站好。游戏开始后，无球同学做无球摆脱动作切入罚球线附近，此处设置一名防守队员，接到同伴的传球后做投篮假动作，将防守队员晃起，而后运球交叉步急停投篮，无论球中与否，投完篮后3人均抢篮板球。

【游戏方法三】

学生3人一组，两名进攻、一名防守队员。一名同学（持球）在三分线外45°站好，另一名同学（徒手）在三分线弧顶位置站好，防守队员对其进行防守。游戏开始后，无球同学做无球摆脱动作切入罚球线附近，接到同伴的传球后做投篮假动作，而后运球交叉步急停投篮，无论球中与否，投完篮后3人均抢篮板球。

【游戏规则】

无球摆脱、投篮假动作、交叉步急停一个不能少。第二种方法的防守队员不要移动，等进攻队员贴着防守队员运球交叉步急停投篮。第三种方法的防守队员从无球摆脱开始跟随防守，扬手干扰投篮即可，不要打手犯规。

【游戏目的】

巩固交叉步突破投篮技术，提高命中率，学会合理运用所学技术。增加防守队员，提前适应比赛对抗。

【温馨提示】

　　学生在做这个游戏时，鼓励学生用一步急停来接球，这样在后续做运球交叉步急停的时候选择方向就多一些，而且两只脚都可做重心脚，不容易走步违例。同时，教师不必规定交叉步急停投篮的运球突破方向。要重点强调动作的连贯性与协调性。

【游戏思考】

　　此游戏集接球、虚晃、交叉步突破、投篮于一体，可谓一个综合体，其实也是一个战术配合。高年级学生可能完成起来存在一定困难，教学中建议教师不要过多组合，以学生实际情况为主，逐步增加组合内容。同时，教师要关注学生脚步移动时的重心变化，上下肢协调配合的情况，让学生一步一步学会技术，把组合游戏拆解成若干个小游戏进行练习，同时可以分成若干个小组，可以因能力不同而设置不同的能力小组。

游戏案例64：俯卧运球

【适合年级】

　　小学中高年级

【游戏方法一】

　　学生俯卧在展开的一摞垫子上，四肢用力向上、均不触地。游戏开始后，学生原地运球，连续运球30次，游戏结束。

　　如图64-1所示。

图64-1

【游戏方法二】

学生俯卧在展开的一摞垫子上，四肢用力向上、均不触地。游戏开始后，教师计时20秒，学生连续原地运球，时间到，游戏结束。

【游戏方法三】

学生两人一组，多组进行比赛。分别俯卧在展开的一摞垫子上，四肢用力向上、均不触地。游戏开始后，一名学生用右手运球、一名学生用左手运球，教师计时30秒，两人运球次数相加，看哪组运球总数多，哪组获胜。

【游戏规则】

运球过程中腰腹用力、身体不能触地，尽量抬起。若丢球，立即将球捡回，继续比赛。

【游戏目的】

巩固原地运球技术，增强身体平衡能力，提高学生腰腹肌力量。

【温馨提示】

这个游戏可以提高学生控制身体的能力。学生初期可以单手原地运球，熟练后可以尝试双手运球。游戏时，一般采用四五层垫子的厚度。体操垫摞得越薄，对学生抬起四肢的控制能力要求越高。由于运球手抬起的高度有限，因此，运球时会越吃力。反之垫子摞得越厚，学生运球相对越容易，但不能太厚，太厚时运球手运送球的最低点有限，也不利于学生控制球。因此，摞垫子的厚度可根据学生的手臂长度而定，以俯卧时学生手指触地的高度为宜。

【游戏思考】

学习兴趣是在活动中产生的，并成为学习活动的动力，在小学篮球教学中，应根据学生自身条件，选择适合他们的教学方法、教学器材，使他们爱上篮球，让参与篮球运动成为习惯。

运球是篮球的基本技术，自幼儿开始学生就会拍球直至中年级不同方式的运球，学生从原地运球至直线运球到复杂的曲线运球再到运球过人，运球无不伴随着每一项篮球技术内容，随着运球技术难度的增加对学生手臂、手腕及肩带、腰腹力量要求较高，此游戏借用体操垫叠落形式，发展学生上肢肩带所需力量，是一种很好的锻炼方法，游戏中还要兼顾左、右手的发展。

游戏案例65：单臂支撑运球

【适合年级】

小学中高年级

【游戏方法一】

学生在小垫子上单臂支撑，另一只手原地运球，保持10秒钟，游戏结束。

如图65-1所示。

图65-1

【游戏方法二】

学生在小垫子上单臂支撑，另一只手原地运球20次，然后换手运球20次之后，游戏结束。

【游戏方法三】

两人一组进行比赛。学生在各自的小垫子上单臂支撑，另一只手原地运球。比谁运球坚持的时间长，谁就获胜。

【游戏规则】

运球过程中除了手和脚，其他部位不得触垫。若丢球，立即捡回继续游戏。

【游戏目的】

巩固原地运球技术，增强学生上肢及腰腹力量。

【温馨提示】

这个游戏对学生上肢力量的要求比较高。教师可根据学生的实际能力增、减单臂支撑的时间。垫子的作用是避免学生撑不住时趴地上伤到自己，若学生能够撑得住，可不要体操垫。

【游戏思考】

应用篮球游戏要明确主要目的是对学生进行思想教育，而不是娱乐。体育教学的实质就是在教学活动中，注重对学生思想的教育，培养学生养成运动的良好习惯。许多篮球教学活动的内容会在篮球游戏中更好地体现出来，所以，教师一定要针对游戏中存在的有教育意义的内容对学生进行讲解。

此游戏用体能＋运球的形式来拓展学生运球技能，这是一种尝试。枯燥的练习往往会让学生失去兴趣，日常教学中教师还应注意兴趣＋能力＋体能的有效结合，多变一些方法。此游戏还可以采用二人面对面的方法，一人单臂支撑运球，一人双臂支撑数数，然后二人变换继续练习，直至完成规定的任务。

游戏案例66：仰卧运球

【适合年级】

小学中高年级

【游戏方法一】

一名学生躺在垫子上，一只手运球。上身的活动范围：躺—坐—体前屈下压—坐—躺。上体活动过程中，运球手要始终保持运球状态，重复3次游戏结束。

如图66-1、66-2所示。

图66-1   图66-2

【游戏方法二】

一名学生躺在垫子上，一只手运球。下身的活动范围：双脚触地—右腿上举90°—双脚触地—左腿上举90°。手运球的过程中，两腿交替上举，重复10次后，游戏结束。

【游戏方法三】

两名学生一组，脚对脚躺在各自的垫子上，一名同学持球。游戏开始后，两名同学先坐起，然后体前屈，持球同学运球完成以上动作，然后将球运传给同伴，同伴开始运球做动作，两人躺下再起来，重复之前的练习。

【游戏规则】

躺、起、前屈过程中保持运球。若丢球，立即捡回继续游戏。体前屈和腿上举时腿不要弯曲。

【游戏目的】

培养学生的合作意识，培养学生控球的能力，增强手感，增强学生的腰腹力量。

【温馨提示】

先让学生躺下运球，运球坐起来是一个难点，可能会有学生起不来，可以让其借助抬腿、放腿的力量起，若还起不来就让其借助手臂的力量，重点是保持运球。注意垫子有宽度，运球时，手距离身体远一些。

游戏中还可以考虑多种方法结合，如让学生仰卧垫上开始运球然后双手胸前持球过渡到另一侧，仰卧运球，运球结束后可以双手持球仰卧——直角坐持球练习，以运球＋腰腹力量训练组合的形式进行练习，拓展练习的内容。

【游戏思考】

将游戏与篮球教学紧密结合起来，不能将其孤立，应将其视为篮球教学中不可分割的部分，以达到学习提高篮球技术、战术的目的，使学生在游戏中充分体验到篮球的乐趣。教师可根据篮球教学各个环节的任务要求，选择、创编一些有针对性、适应性强的游戏方法来改变单调、枯燥的教学条件，提高学生的学习积极性与学习兴趣，让学生掌握运动技能、发展体能，从而有效地完成篮球教学的各项任务，让他们真正喜欢篮球这项运动。

游戏案例67：仰望双手运球

【适合年级】

　　小学中高年级

【游戏方法一】

　　一名学生躺在垫子上，双手各持一球。游戏开始后，两手同时运两个球，保持10秒不丢球，游戏结束。

　　如图67-1所示。

图67-1

【游戏方法二】

　　一名学生躺在垫子上，双手各持一球。游戏开始后，两手均运球，同时，一条腿屈膝贴近上体，然后伸直，换另一条腿，两腿交替练习6次，游戏结束。

【游戏方法三】

　　一名学生躺在垫子上，双手各持一球，两脚之间夹一个球。游戏开始后，两手同时运两个球，双腿夹住球抬起45°—90°，保持10秒不丢球、不掉球，游戏结束。

【游戏规则】

　　运球过程中必须躺在垫子上。若丢球，立即捡回继续游戏。方法二中的提膝，大腿尽量贴近上体。方法三中双腿上举尽量到90°。

【游戏目的】

培养学生两只手同时运球的能力，增强手感。发展腰腹及腿部力量。

【温馨提示】

本游戏主要靠手指体会球的位置，让学生学会用手控制球的落点。提示学生运球时手要从上向下用力，不然球会向远端跑。此游戏还可以增高或降低垫子的高度，让学生控制不同反弹高度的球。注意垫子有宽度，运球时，手距离身体远一些。

【游戏思考】

在篮球教学课中，体育游戏要根据学生的年龄、性别、接受能力等生理特点，从实际出发，合理安排游戏，要严格控制游戏规则、练习密度、运动量等。

本游戏中手指、手腕关节的灵活性对控制球很重要，学生往往由于指腕力量不足而使球失控，这样在实践中就很容易被对方断球。

因此，开展多种方式的运球，除了日常教学中的形式以外，此游戏借助体能训练的形式，进一步丰富了练习的内涵，由于有一定难度，练习中教师要层层深入强调仰卧运球的"节奏"。

游戏案例68：传球抓人

【适合年级】

小学中高年级

【游戏方法一】

多人进行游戏，以篮球半场为游戏区域（游戏区域可根据游戏人数多少而定）。选出3名学生进行传接球抓人，其余学生在规定范围内无球跑动，传接球人双手持球碰到其他人，即为抓到了此人，被抓到的同学成为抓人方，共同传接球抓剩下的人，直到全部同学都被抓住，游戏结束。

如图68-1所示。

图68-1

【游戏方法二】

多人进行游戏，以篮球半场为游戏区域（游戏区域可根据游戏人数多少而定）。选出3名学生进行传接球抓人，其余学生在规定范围内无球跑动，传接球人双手持球碰到其他人，即为抓到了此人，被抓到的同学到界外等候，直到全部同学都被抓住，游戏结束。

【游戏方法三】

5人一组，两组进行比赛。以篮球半场为游戏区域，一组传接球（一个球）抓另一组的同学，被抓到的同学到场外等候，抓完之后两组交换角色再次游戏，看哪组所用时间最短哪组获胜。

【游戏规则】

传接球抓人的过程中，必须边传接球边移动，不得抱球跑。触碰人时球不能离手，要触碰到对方的身体才算数。

【游戏目的】

巩固学生行进间传接球的技术，提高学生传接球的默契度。

【温馨提示】

这个游戏难度较大，学生要具备一定的行进间传接球的能力才能玩。刚开始游戏的时候为了降低传接球队员的抓人难度，可以缩小游戏范围，熟练后再增大范围。也可以一开始就让多名学生传接球抓人。

【游戏思考】

在篮球教学中运用篮球游戏，能够充分调动学生学习的积极性，有利于培养学生的运动习惯。篮球运动的技术性较强，较难掌握，而学生在练习某些技术动作时也会感觉到枯燥、乏味。针对小学生善于模仿、活泼好动的天性，通过篮球游戏对学生进行篮球教学，能够使他们对技术动作的掌握更快，也能够使其通过游戏化教学将篮球技术动作做得更到位。

游戏案例69：跳长绳运球

【适合年级】

小学中高年级

【游戏方法一】

学生两个人摇长绳，跳绳同学持球在绳外准备。游戏开始后，持球学生进入长绳开始跳绳，边跳绳边运球，跳绳3次后出绳，下一个同学继续。

如图69-1、69-2所示。

图69-1   图69-2

【游戏方法二】

学生两个人摇长绳，跳绳同学持球在绳外准备。游戏开始后，持球学生进入长绳开始跳绳，边跳绳边运球，跳绳次数多者胜。

【游戏方法三】

学生两个人摇长绳，跳绳同学持球在绳外准备。游戏开始后，持球学生进入长绳开始跳绳，边跳绳边运球。稳定后下一名同学也进入长绳，边运球边跳绳，只要不断，可以继续进人，同时容纳人数最多的组获胜。

【游戏规则】

边跳绳边运球。若失误，则重新开始游戏。

【游戏目的】

发展学生的跳跃能力，提高手对球的控制能力，增强手脚协调配合的能力。

【温馨提示】

刚开始做这个游戏的时候，可以让摇绳的学生摇慢一点，跳绳的学生连续跳几下后再体会单手运球，运球三次后，抱住球跳几下，再出绳。熟练以后让学生尝试运球进绳和运球出绳，这样的难度比较大。方法三可以换更长的长绳练习，以便能同时容纳多人。

【游戏思考】

注重游戏与教材的联系。在篮球教学中应用篮球游戏，是为了更好地完成教学任务。所以教师在授课过程中，一定要适时地、合理地引入游戏，这样才能使游戏和教材的联系更密切。

本游戏拓展性很强，对学生判断能力、控球能力要求很高，为了有效完成动作，教师可让学生先原地运球，待判断准确时机后再入绳运球，若失败要反复进行练习，让学生建立信心，切勿因失败而气馁。教师要不断鼓励学生，让他们感觉到有很强大的内驱力。

游戏案例70：坐凳子腿下运球

【适合年级】

小学中高年级

【游戏方法一】

学生坐在凳子上，双手在腿下面左右变向运球，练习完成10次，游戏结束。

如图70-1、70-2、70-3所示。

图70-1 　　　　　　　　图70-2 　　　　　　　　图70-3

【游戏方法二】

学生坐在凳子上，双手在腿下面左右变向运球，学生根据教师手势做不同幅度的变向运球。

【游戏方法三】

学生两人一组，一人坐在凳子上，双手在腿下面左右变向运球；另一个人站在同伴对面，做原地体前变向运球。站着的同学模仿坐着的同学的动作幅度，15秒后，两人交换角色继续游戏。

【游戏规则】

连续变向，若出现失误，要迅速捡回球，重新开始。

【游戏目的】

巩固原地体前变向运球技术。增强学生的手感，提高他们的运球能力。

【温馨提示】

此游戏有一定的难度，学生要具备原地体前变向换手运球的能力才能进行。刚开始，可让学生做小幅度的变向，以不丢球为准，熟练后逐渐加大左右运球的幅度。方法二和方法三的练习，都要求学生抬头完成练习，这对学生的运球能力要求极高。

不管哪种方法、哪种形式的运球，都是以巩固提高运球技术为核心，都在增强学生的手感及控球能力，可见运球的手感是至关重要的。平时教学中，教师要加强球性练习。

【游戏思考】

篮球教学活动一定要为学生营造一个轻松的空间，从而提高学生学习篮球的积极性，并且将学习篮球的过程看作是玩的过程。近年来，将篮球游戏应用于篮球教学的实践较多，并且都取得了较好的效果，这能够实现为学生营造轻松的学习环境的目标。以游戏的形式融于篮球教学，把枯燥的内容趣味化、游戏化，让孩子们在球类课上，能真正动起来、活起来，充分享受篮球带给孩子们的乐趣。因此，篮球游戏对篮球教学十分重要。

游戏案例71：二打一

【适合年级】

小学中高年级

【游戏方法一】

3人一组一个球，两名学生在三分线45°位置准备进攻，另一名学生在内线进行防守。两名进攻队员运用运球及传接球技术躲避防守队员的封堵，最后将球投向篮筐，无论球中与否，只要出现出手机会并将球投出，即为进攻方胜，反之防守方胜。

如图71-1、71-2、71-3所示。

图71-1   图71-2   图71-3

【游戏方法二】

3人一组一个球，两名学生在三分线45°位置准备进攻，另一名学生在内线进行防守。进攻队员只能运用传球技术躲避防守队员的封堵，最后将球投向篮筐，无论球中与否，只要出现出手机会并将球投出，即为进攻方胜，反之防守方胜。

【游戏方法三】

4人一组一个球，两名进攻同学在三分线45°位置准备（一人持球），另外两名同学对应防守。游戏时，进攻队员运用运球及传接球技术躲避防守队员的封堵，最后将球投向篮筐，无论球中与否，只要出现出手机会并将球投出，即为进攻方胜，反之防守方胜。

【游戏规则】

双方不得出现违例和犯规的现象，游戏过程要符合篮球规则。方法二中学生只能传球、不许运球。

【游戏目的】

巩固学生多种传接球技术，让学生学会灵活运用所学技术，培养学生团结合作的意识。

【温馨提示】

此阶段学生对篮球技术的理解与掌握能力有限。游戏时，只要学生跑位、投篮的意识有了就可以，不必强调一定要将球投进。

【游戏思考】

小学篮球教学要将篮球技术、战术进行游戏化处理，对已有活动性游戏进行必要的选择和改编，一定要进行相应的分层配套开发。同时，也要重视教学过程中的创生性，凝聚教师和学生的智慧，进一步创编出适合本地、本校特点和学生学情的篮球游戏。选择和创编篮球活动性游戏，要体现其层次性、简易性、趣味性、竞赛性、娱乐性和健身性。

除此之外，对篮球技、战术的渗透也很重要，小学篮球低、中年级，以简单技术为主，强调篮球的基本技术，高年级则涉及一些简单的传、接、运配合练习，但还停留在初级模式，借用游戏形式把技、战术进行简化，让学生建立篮球战术配合意识，建立团队意识。

游戏案例72：阻力运球

【适合年级】

　　小学中高年级

【游戏方法一】

　　两名同学前后站立，后面同学拉住前面同学的髋关节，并降低重心开始游戏，前面同学向前边跑边运球，后面同学拉住前面同学、阻止其向前移动，10秒内前面同学没有移动到指定地点，就算后面同学获胜，反之就算前面同学获胜。

　　如图72-1所示。

图72-1

【游戏方法二】

　　两名同学面对面站立，一名同学持球。游戏开始后，持球同学边向前跑边运球，无球同学两臂前伸、用手顶住其肩头，阻止运球同学向前移动，10秒内运球同学没有移动到指定地点，就算无球同学获胜，反之就算有球同学获胜。

【游戏方法三】

　　多名学生进行运球比赛，每人拖一个轮胎，用绳子连接在腰部。游戏时，学生拖着轮胎向前运球，谁先到达终点谁就获胜。

【游戏规则】

　　运球同学要边运球边发力，左右手运球均可。方法一中，无球同学不能抱住运球同学、阻碍其正常运球。

【游戏目的】

培养学生全身协调用力的能力，提高学生下肢力量，增强抗阻运球的能力。

【温馨提示】

教师可以先让学生做无球的抗阻练习，教会学生用力方法，然后再加上球进行练习。方法一中，后面同学要两腿分开，臀部后坐。前面同学上体前倾，大腿高抬，用力蹬地。方法二中，两人面对面，都上体前倾。方法三中，可根据学生的力量，在轮胎里增加铁片，注意绑在学生腰部的绳子要用有弹力的宽带子，避免勒伤学生。

【游戏思考】

任何一种或一套或一系列的练习方法，都是解决一定任务的手段。练习方法的选择与运用是否正确，关键在于能否解决问题。这个"能否解决问题"就是教学目的、任务。

此项游戏实际教学中，如何设计的这个"阻力"很关键。方法一、二、三中都提出了不同方法，但学生两人一组相互配合是否融洽是至关重要的，教师要组织好，可先让学生练习体会"阻力"，充当"阻力"的学生力量要适中，切勿变成真的阻力。

游戏案例73：顺步放球

【适合年级】

小学中高年级

【游戏方法一】

两名同学一组。每位同学脚下有三列方格，从内向外依次是无球人跑动列、有球人跑动列和有球人的球移动列。游戏开始后，有球同学人在中间列、球在外侧列向前运球，无球同学在内侧列向前跑动。有球同学将球传给无球同学，无球同学接到球后顺势向外侧跳步，人跳进中间列，球在外侧列向前运球，运球几次后，再将球传回给自己的同伴，如此连续进行。

如图73-1、73-2、73-3、73-4所示。

| 图73-1 | 图73-2 | 图73-3 | 图73-4 |

【游戏方法二】

　　根据学生人数平均分成两个队，每队有若干组（两人一组）。各队第一组同学持一个球，每位同学脚下有三列方格，从内向外依次是无球人跑动列、有球人跑动列和有球人的球移动列。游戏开始后，有球同学人在中间列、球在外侧列向前运球，无球同学在内侧列向前跑动。有球同学将球传给无球同学，无球同学接到球后顺势向外侧跳步，人跳进中间列，球在外侧列向前运球，运球几次后，再将球传回给自己的同伴。依照此方法做到指定地点后，两人从两侧快速跑回（抱球），将球交给下一组同学，形成接力。哪队先完成哪个队获胜。

【游戏方法三】

　　3名同学一组，两名同学顺步传接球，一名同学防守。传接球同学的脚下有三列方格，从内向外依次是无球人跑动列、有球人跑动列和有球人的球移动列。游戏时，有球同学人在中间列、球在外侧列向前运球，无球同学在内侧列向前跑动。有球同学将球传给无球同学，此时防守队员（消极防守）向无球队员逼近，试图抢断此球，无球同学快速抓住球后顺势向外侧跳步，人跳进中间列，球在外侧列向前运球，运球几次后，再将球传回给自己的同伴，如此连续进行，到达终点游戏结束。

【游戏规则】

　　明确每列方格的用途，接球后的放球要快，避免走步违例，传球时要传身前球。方法三的防守队员只抢断一次球。

【游戏目的】

　　将双手胸前传球与顺步放球结合在一起进行练习，首先体会迎、引、收、蹬、伸、翻、播的动作要点，其次要体会接球后向侧跳步放球的动作。这样既巩固了传球技术，又体会了接球横向移动过人的技术；发展学生手、眼、脚协调配合的能力，提高两人的默契度，培养学生团结合作的精神。

【温馨提示】

　　该游戏难度较大，既强调了传接球技术，又强调了顺步放球过人的技术。教师可降低难度分步进行游戏。例如，接球后运一次球回传即可，不用向侧跳步，待学生熟练掌握此步骤后，再将接球后运一次球改为向侧跳步运球再回传。方法三中的防守队员不要真断球，重点让接球人体会接球横向跳步摆脱防守人的动作。教师要合理安排防守队员的位置。

【游戏思考】

　　完整练习便于学生完整地掌握动作或配合，但不易很快地掌握动作或配合中较为困难的环节。因此，多用于简单或者虽然较复杂但若分解进行又会破坏其结构的动作或配合。在运用时，注意不要轻易破坏动作结构或割裂各部分动作间的内在联系。要注意，对复杂动作或配合的练习要突出重点，逐步提高要求，还可以简化动作要求，来进行练习。

游戏案例74：蚂蚁搬家

【适合年级】

　　小学中高年级

【游戏方法一】

　　平均分成两组，各组第一名同学手脚同时撑地，并将球置于腹部。游戏开始后，学生手脚协同配合向前行进，到指定地点返回，将球交给下一位小伙伴，形成接力。哪组先完成哪组获胜。

　　如图74-1所示。

【游戏方法二】

　　平均分成两个队，每队平均分成两组分站两边。各组第一名同学手脚同时撑地，并将球置

图74-1

于腹部。游戏开始后，学生手脚协同配合向前行进，到达对面后，交给对面的同伴，形成迎面接力。哪个队先完成哪个队获胜。

【游戏方法三】

平均分成两组，各组第一名同学手脚同时撑地，并将球置于腹部。游戏开始后，第一名同学手脚协同配合向前行进，到指定地点后，将球放在呼啦圈中，徒手跑回起点，与下一位小伙伴右手拍右手，然后下一名小伙伴徒手跑到指定地点，手脚同时撑地，并将球置于腹部返回起点，交给下一位小伙伴，形成接力。哪组先完成哪组获胜。

【游戏规则】

游戏时，学生要四肢协调配合移动，臀部不能落地。游戏过程中，若出现掉球现象，要立即将球捡回并从掉球的位置继续游戏。

【游戏目的】

增强学生的肌肉力量，发展学生手脚协同配合的能力，培养学生的团队意识。

【温馨提示】

搬家的物品可以多种多样，比如接力棒、体操棒、沙包、多面球等。游戏前要认真检查活动场地内是否有尖、硬的物品。若学生年纪小，掌握不了平衡，球总滚落在地，可让学生用大腿夹着球，防止掉落。

【游戏思考】

兴趣是学生获得知识、开阔眼界、丰富心理活动的重要动力，快乐的课堂气氛是激发学生学习兴趣、提高学习积极性的前提。在篮球教学中，要运用先进的教学方法和手段，充分提高学生的学习兴趣，让学生形成快乐的情感体验，真正实现"学中乐、乐中学"。

在以往篮球教学中，教师会忽略体能训练，注重技术、技能，因此可结合游戏的形式进一步拓展。

游戏案例75：你是我的眼

【适合年级】

小学中高年级

【游戏方法一】

两名学生一组，多组进行比赛。一名学生用红领巾蒙住双眼，并持球。另一名学生在其附近，用语言引导其完成运球任务，先完成的组获胜。

如图75-1所示。

图75-1

【游戏方法二】

两名学生一组，多组进行比赛。无球同学在前面，持球同学用红领巾蒙住双眼，用一只手抓着前面同学完成运球任务，先到达终点的组获胜。

【游戏方法三】

两名学生一组，多组进行比赛。一名学生用红领巾蒙住双眼，并持球。另一名学生在其附近，用语言引导其完成运球任务，到达指定地点后，两人互换角色原路返回。先完成的组获胜。

【游戏规则】

方法一和方法三游戏时，不能用肢体帮助同伴，只能用语言提示他。若丢球，蒙住眼睛的同学原地等待，充当"眼睛"的同学将球捡回交给同伴，继续游戏。

【游戏目的】

提高学生行进间控球能力，养成运球不看球的习惯，增强手感，培养学生信任他人的意识。

【温馨提示】

完成的任务性质、数量及运球移动的距离，可根据学生实际能力而定。游戏前，要认真检查活动场地内是否有尖、硬的物品。游戏时，要时刻关注学生是否安全。充当"眼睛"的同学要保护好自己的同伴，若遇到危险，及时停止前进，避免与他人相撞。

【游戏思考】

在篮球教学中，应注重教学效果的实效性，不应过分或片面地强调教学的组织纪律性，否则容易挫伤学生学习的积极性，将生动活泼的、带有情绪化状态的体育实践学习，变成一种按部就班的机械演练，失去了体育实践学习的本来面貌。教师应起到"导"的作用，甚至是参与其中的一分子。不要满堂灌，让学生被动、机械地模仿学习。要让学生在学习过程中充分体验快乐、并积极参与，使学习过程始终充满乐趣和激情。

开展篮球游戏活动提升学生体能

一、体质、体能、身体素质与运动素质的内在关系

体能的定义及概念一直都是各方面专家学者以及训练学理论界关注的重点问题。体能定义的多义性最终造成了各学者各式各样的学术观点，形成了多样化的学术格局。同时因各研究领域的研究方法以及研究视角不尽相同，关于体能的定义以及相关概念至今没有统一严格的规定。

不同领域对体能概念的界定各有偏重。例如，运动训练领域，我国著名运动训练学专家田麦久教授在《运动训练学》中解释运动训练学中的体能专指运动员的体能，其研究的主要对象为竞技体育运动员；军事领域，孙学川在《现代军事体能探索》中指出，军人体能指在军事作战背景下军人进行持续时间较长且训练强度较大的各种不良环境下所具备的作战能力。相关学者同时指出军事体能是将各个学科的素质相统合，进行综合利用的有机整体。

我国最大的综合性辞典《辞海》最新修订版中指出"体能"具有遗传性，它是由身体素质、运动能力和基本活动能力三个基本部分构成。享受我国国务院政府特殊贡献津贴、新中国体育开拓者奖章和体育工作贡献奖获得者，我国著名学者熊斗寅研究体能认为，"体能有大体能和小体能之分，它应该是个不确实的概念。所谓大体能是指身体运动能力、适应能力以及身体机能和各项身体素质的总和，即身体能力；所谓小体能是指运动员在运动训练中进行的体能训练和各种体

能性项目等"。《体能概念探讨》一文中，李之文指出"体能是通过各种形式的身体训练获得人体各器官系统的机能并且以肌肉活动为主要方式表现出的能力，主要由身体内外部形态为了增加机体的普适性而发生的趋利变化以及速度、灵敏、力量、耐力和柔韧性等基本素质构成"。

国内学者专家从不同的领域对象对体能概念进行了表述，经过对体能文献资料的研究和整理发现，前人研究总体上更侧重于竞技体育运动员的体能研究，而且研究的目的更多是为了提高运动员的竞技能力，以便提高和创造更好的运动成绩。

综上所述，总结国内外学者专家对体能概念的理解分析，我们认为：体能应该是体质的重要组成部分，科学的体能训练能够促进良好体质的形成，体能主要包括身体素质、身体机能以及基本的运动技能。身体素质包括：协调、柔韧、速度、灵敏、平衡、肌肉力量、耐力和爆发力等素质；身体机能包括：心肺功能、最大心率、消化体统、免疫系统等；基本运动技能包括：走、跑、跳、抓握、悬垂、投掷，钻、爬、攀登等。

我国古代医学经典论著《黄帝内经》最早对体质概念进行了详细论述，其强调生命存在的基本状态既是"形神合一"，时代在变迁、社会在发展，体质的概念也随每一特定社会背景，被赋予了不同的含义。体质的范围之广，各学科均有涉及。

通过对现阶段相对权威的几种关于体质概念的总结，我们认为：体质是指在生命过程中能够反映出某些固定和不固定的形态结构、生理特性、心理状态综合性的、相对稳定和动态可变的特质。人类生命现象主要通过体质表现出来，具有个体差异的同时又拥有群类性。

体质作为一个多范畴、多维度的基本概念与体能不同，体能的概念具有相对的局限性，体能是体质外延的一部分，体质在机体运动领域的延伸，其主要内容包括身体形态、身体机能和运动能力等。体能是体质的重要表现之一，是体质的主要和重要组成部分，科学的体能训练能够促进良好体质的形成，而体能训练的效果又通过良好的体质得以认证。身体素质训练是体能训练的主要内容，身体素质跟运动素质内容相同，依语境的不同呈现不同的称谓，体能是体质概念的外延，身体素质同样是体质的重要组成部分，三者是体能包含于体质内，身体素质同时被包含在体能和体质的关系。

二、学生对体能锻炼兴趣缺失的原因分析

学生对体育课程中体能锻炼的兴趣缺失，其原因主要集中在以下几个方面：

（一）学生本身的兴趣问题

学生往往对一些新奇有趣的事物具有浓厚的兴趣，也更加愿意参与其中，然而对于一些没有吸引力的活动，则没有太大的参与积极性。从体育课程的体能锻炼环节来说，大部分时候都是简单的跑和跳，这对于学生而言自然就没有吸引力。学生没有被吸引，自然也就不会积极参与其中。

（二）学生对体能锻炼存在一定的抗拒心理

体能锻炼主要是对身体机能进行锻炼，因此其在运动量和运动难度上相比一般教学要高一些，而学生本身身体发育还不健全，很多学生的身体素质较差，在面对大运动量的体能锻炼时往往会跟不上节奏，或是身体负荷过大，导致学生心理对体能锻炼产生抗拒，进而失去兴趣。

（三）疏于管理，产生误解

教师没有和学生一同进行锻炼，大多数时候都是以监督者或是示范者的身份对学生进行指导规范，这就会导致部分学生在心中产生不正确的负面想法，认为教师是故意安排大量运动来为难自己。这样的错误想法必然会导致学生心中对教师产生误解或是一些其他想法，不利于体能锻炼的开展。

三、体育游戏是体能提升的基石与保障

（一）体育游戏是体能提升的基石

将体育游戏有机融入教学活动中，使学生通过游戏不知不觉地对本节课所要学习内容进行预习，游戏一结束，引入新学内容，结果发现和游戏很相似或是所学内容、内容要点与游戏中的动作相仿，就能很容易对新授课的动作进行常规的学练。例如，游戏"跳背接力"就可以作为"山羊分腿腾越"的诱导性练习，上课时先让学生做"跳背接力"游戏，不但可以使学生初步掌握要点，还可以消除害怕心理，领会动作也较快，教学效果相当明显。

体育游戏是学生进行素质训练的一种重要手段。它不仅可以全面发展学生速

度、耐力、力量、灵敏等身体素质，还能提高学生锻炼的积极性，摆脱枯燥无味的专项素质训练。如：游戏"丢手绢"就能很好地锻炼学生的快速奔跑能力，同时又可以很好地体会弯道跑技术。

（二）体育游戏是体能提升的保障

1.培养学生兴趣、提高练习的积极性

小学体能水平考试的项目主要以跑、跳、柔韧为主，其评价结果层次性明显，学时，把那些重要、需要反复练习，且又比较单调、枯燥的技术动作，设计成游戏的形式进行练习，可激发学生练习的积极性，使其乐而不厌地练习，达到良好的教学效果。例如，在立定跳远的练习中，采用游戏"小青蛙吃害虫"，小青蛙吃害虫时有时跳得高，有时跳得远。为了让学生体会腾空的感觉，在一定的高度上放一根橡皮筋；在远度的练习中，跳一个一个的大方格子。在这个游戏的学习过程中，学生活动的兴趣也有了，积极性也提高了。

2.能够改善心态，提高心理素质水平

体能练习最大的特点是身体必须承受一定的负荷量，所以心理也会随之发生变化。现在的学生由于各种各样的原因，心理承受能力有限，这对学习、锻炼和生活都造成了潜在的威胁。体育游戏以多样化的身体活动方式和丰富有趣的活动形式，使每一个参与者都能体会到获胜的可能，从而达到提高自信心、鼓舞士气和改善心态的目的。使原来在体育课中羞于运动的学生也有兴趣参加体育活动。体育游戏还能够减少疲劳感，给学生留下美好愉快的回忆使其愉快而轻松地完成一堂课的体育学习任务，增强了体育课自身的吸引力。

3.培养学生反应力、和个体的竞争力

好的体育游戏，对培养学生的扩散性思维、创新精神和竞争能力是大有裨益的。体育游戏的胜负，不仅是体力的竞争，同时也是智力的竞争。在体育游戏竞赛活动中，出现的胜负结果，经常形成学生奋发向上的动力。

综上所述，体育游戏是我们发展学生体能的首选项目。

四、运用篮球游戏发展体能的策略

由于小学生处于长身体的阶段，加强体育锻炼有利于他们的骨骼与肌肉的生长，增强心肺功能，改善血液循环系统、呼吸系统、消化系统的机能状况，对小

学生的成长与发育都起到良性作用。体育锻炼可以改善神经系统的调节功能，提高神经系统在人体活动时的判断能力，及时对问题做出反应，这也就加强了人体对环境的适应能力。体育锻炼还可以促进学生的身心健康，促进团队精神，而篮球的训练在体育活动中相对较为突出。尤其是一、二年级的学生身心发展都属于初期阶段，所以对技术性以及概念性的知识难以进行掌握，这就要求按照相应的韵律操来进行训练，是小学生对篮球的训练有初步的了解；对于三、四年级的学生却不适合用这种方式，由于三、四年级的学生相对于一、二年级的学生身心发展相对较为稳定，模仿的能力也相对较强，尤其是对一些技术以及概念性的知识理解能力相对较好，这就要求教学的过程中，加入基础动作的训练，并进行相对较为简单的技巧训练，例如简单的传球、运球以及投球等；在五、六年级，学生的身心发展区域稳定，在速度、耐力与力量上都有一定程度的提高，团队意识也相对较强，这就应该加强团队的训练与技巧的训练。在小学的教学过程中加入篮球训练，可以从根本上加强对学生身体的锻炼，加强学生身体的体质与协调性，也在一定的程度上对学生意志进行训练，提高学生的责任意识与团体意识。

（一）设计符合实情的体能训练方案与目标

想要在小学体育教学中实施高效的体能训练，就必然需要因地制宜、准确定位并科学设计体能训练的最终目标以及实施方案。小学教师应当整合俱乐部、学校以及周边的教学资源，并与校外采取密切的联系，从而实现资源的合理共享。体育课程的体能训练涉及很多方面，教师应将训练能力、训练状况进行全面性综合分析，调查并论证，充分了解目前社会上对体育人才的需求，再按照社会的实际要求，对本校的体育人才培养方向和教育方案进行针对性地调整、整改，从而准确定位小学体育教育，为小学的体育人才培养奠定坚实的基础。

（二）强化学生对体能训练的参与热情

确保体能训练教育的有效性最佳途径便是提升学生的主动性，参与教学的积极性，这一规律几乎适用于任何教学。小学生本身就对体能训练有一定的热情，对此，教师相对于培养兴趣而言更重要的是保持学生对体能训练的热情。想要有效地保持学生对体育的热情，就需要教师充分理解学生的心理情况，理解学生对体育有热情的原因，从而有针对性地改善学生的学习心理。当前小学学生的年龄为10岁左右，这一年龄段的孩子对于竞技训练有着强烈的渴望，渴望经过自己的努力获得胜利从而满足自己的成就感。对此，教师便可以利用举行比赛进行团队性体能训练，将两个班或多个班组织起来利用课余时间进行体育比赛，比赛的奖励并不重要，更重要的是学生的求胜欲，适当地激励学生的"战斗"情绪，并在将比赛的胜负与健康挂钩，最终实现体能的训练。例如，在实际的小学体育课堂教学当中，教师可以将学生分为两个小组，两个小组成员进行蛙跳＋短跑比赛。两组同时进行比赛，比赛开始，先蛙跳，再短跑，每一位学生完成一组，然后下一名学生接力，通过比赛，让学生更快乐地掌握体能运动的技巧与乐趣。

（三）借助科学教学方法优化体能训练

善用当前新型的体育教学方法，例如启发式教学、分层式教学，优化体能训练。

启发式教学主要是在实际教学时，教师启发并引导学生，促使学生充分发挥自身的主体地位，进而保障学生在课堂中得以成长。在进行启发式教学时，教师需要不断地开发学生的思考、思维能力，将健康生活充分根深于学生的思想当中。例如，在实际的体能训练课程教学中，教师先做一些示范，然后让学生进行分析，理解训练当中的细节。学生在脑海中形成一个基本的形象，教师再讲解训练中应当注意的细节及注意事项等。最后，教师可以将学生以小组的形式进行分组训练，让学生找出小组中组员的优缺点，从而实现相互进步的目的。

小学各个阶段篮球教学与训练的内容都存在一定程度上的差异，教师可采用分层教学的方式进行训练。分层式教学需要尤其注重学生的兴趣爱好、个性等方面。教师在进行教学时，需要充分了解每一位学生的实际能力，才能因材施教。例如，先向学生介绍基本的健康锻炼理念、体能训练理念等，在学生理解之后再结合实际的训练内容进行练习，从而递进地完成整个体能训练。

（四）体能训练拓展于课堂之外

授之以鱼不如授之以渔。在体育教学中，在关注学生体能提升和身体素质提升之外，还需要特别注重学生的自我体能训练意识。对此，培养学生自我体能训练的意识，将体能训练教学拓展到整个生活空间中，有着显著的应用意义。例如，教师可以根据学生的身体素质与个人爱好制定锻炼计划，尤其是在寒假、暑假中，并提交一份书面的体育作业。借助集体评价和个别辅导等方式，正确引导学生开展体能训练。在课堂体能训练的基础之上，培养学生参与体能训练的积极性，并引导其掌握正确的锻炼方式，及时进行反馈，不断提高，最终完成自我体能训练，养成体育训练的意识与精神，实现自我督促训练的循环性发展，为今后的工作与学习提供基础。

小学是学生人生中非常重要的成长阶段。对于正处于生长发育阶段的小学生而言，行之有效的体能训练策略，能够有效强化肌肉的生长、提升身体协调能力与平衡能力，促使学生的身心、学习持续、健康、全面发展。对此，小学体育教师必须时刻重视小学生的体能训练，不仅仅是课堂中，还有课堂之余，都必须坚持开展体能训练，持续探索全新的教学策略，促使学生的身心素质得到提升。

篮球游戏案例（25例）

游戏案例76：跑到罚球线返回接球投篮

【适合年级】

小学高年级

【游戏方法一】

两名同学一组站在指定位置（底线外），一名同学持球准备原地传球，另一名同学先跑至罚球线，然后突然跑向篮筐接同伴的球、擦板投篮，若球不进要补进，球进游戏结束，两人互换位置。

如图76-1所示。

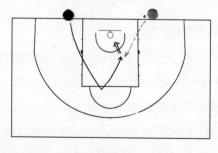

图76-1

【游戏方法二】

3名同学一组，两名进攻同学站在指定位置（底线外），一名防守队员防守无球者，持球同学在底线外准备传球。游戏开始后，无球队员先跑至罚球线，然后突然跑向篮筐接同伴的球、擦板投篮，防守者始终跟随，然后3人均抢篮板。

【游戏方法三】

3名同学一组，两名进攻同学站在指定位置（底线外），一名防守队员防守有球者，持球同学在底线外准备传球，防守队员封锁其传球路线。游戏开始后，无球队员先跑至罚球线，然后突然跑向篮筐接同伴的球、擦板投篮，当其接到球时，防守者立即转身去防投篮者，然后3人均抢篮板。

【游戏规则】

接球人跑动要快，变向要突然。传球人传球路线多变，传球准确。投篮出手后，场上的几个人都要抢篮板，若进攻队员抢到球要补进。

【游戏目的】

学会两人进攻的配合方法，增强两人默契度。提高学生篮下擦板投篮的准确度。

【温馨提示】

开始练习时，可加防守进行示范，让学生知道什么情况下用，然后无防守练习，可在学生的变向处放置标志物，便于学生记忆，熟练后取走标志物，再熟练后加防守，让学生体验在有对抗的情况下，完成投篮任务。防守队员均采用消极防守，不要真断球或盖帽。

【游戏思考】

综合练习，提高战术。综合练习是随着篮球教学现代化和科学化而产生的练习方法，是在结合练习基础上的发展。其特点是在篮球教学中的组织安排上，把思想作风、技术战术、身体素质结合起来，把各种技术与技术，配合与配合结合起来，进攻与防守结合起来，以克服技术单一、片面。

二人的配合是关键，需要默契配合，具有极强的团队意识。起初，游戏可先从跑位入手，不急于求成，以跑位的形式为游戏教学热身，建立配合意识。

游戏案例77：跑到三分线返回接球投篮

【适合年级】

　　小学高年级

【游戏方法一】

　　两名同学一组站在指定位置（底线外），一名同学持球，准备原地传球，另一名同学先跑至三分线，然后突然跑向篮筐，在罚球线附近接同伴的球投篮，若球不进要补进，两人共同抢篮板，球进游戏结束，两人互换位置。

　　如图77-1所示。

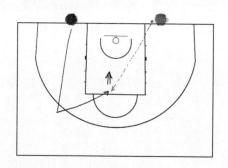

图77-1

【游戏方法二】

　　3名同学一组，两人进攻（一人持球），一人防守。两名进攻同学站在指定位置（底线外），防守队员防守无球者。游戏开始后，无球队员先跑至三分线，然后突然跑向篮筐，在罚球线附近接同伴的球投篮，防守队员一直跟随。然后3人都抢篮板球。

【游戏方法三】

　　3名同学一组，两名进攻同学站在指定位置（底线外），一名防守队员防守有球者，持球同学在底线外准备传球，防守队员干扰其传球路线。游戏开始后，无球队员先跑至三分线，然后突然跑向篮筐，在罚球线附近接同伴的球投篮，当其接到球时，防守者立即转身去防投篮者，然后3人均抢篮板。

【游戏规则】

跑动要快，变向要突然。传球人的传球路线要多变，传球准确。投篮出手后，无论进攻队员还是防守队员都要抢篮板球，进攻队员抢到球要尝试补篮，直到球进为止。

【游戏目的】

学会两人进攻的配合方式，增强两人默契度，提高投篮命中率，增强学生抢篮板球的意识。

【温馨提示】

开始练习时，可加防守示范，让学生知道什么情况下用，然后组织学生无防守练习。可在学生的变向处和投篮位置放置标志物，便于学生记忆跑动路线。熟练后取走标志物，再熟练后加防守，让学生体验有防守的情况下，如何完成投篮任务。

【游戏思考】

比赛练习，调动热情。篮球教学实践表明，篮球运动中的许多技能、战术动作是"教"出来的，但这些动作的运用，则更多是"打"出来的，学得再好，练得再好，也要通过对抗或比赛体现出来。就教学而言，这是动作掌握从不熟练到熟练的必要过程；从训练来说，则更是培养良好作风，提高球队战斗力的重要手段。

本游戏进行了几次变形，涉及抢篮板球、有人防守、传球等技术组合，这些对于高年级学生来讲是有难度的，但通过游戏形式能有效降低难度，增加学生学习的"热度"，通过游戏形式更能有效推进教学的进度。

游戏案例78：虚晃空切接球投篮

【适合年级】

小学高年级

【游戏方法一】

两名同学一组在三分线外站好，一名同学站在三分线45°持球，准备原地传球，另一名同学站在三分线弧顶，无球同学假意向无人方向空切，然后突然向有人一侧跑动并伸手要球，接球后急停投篮，传球者完成传球任务后迅速冲抢篮板，投篮者出手后立即抢篮板球，游戏结束后，两人互换位置。

如图78-1所示。

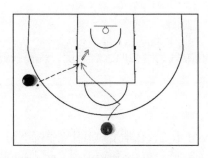

图78-1

【游戏方法二】

3名同学一组，两名同学进攻，一名同学防守。两名进攻队员在三分线外站好，一名同学站在三分线45°持球，准备原地传球，另一名同学站在三分线弧顶，防守队员防守无球队员。游戏开始后，无球同学假意向无人方向空切，然后突然向有人一侧跑动（甩开防守者）并伸手要球，接球后急停投篮，防守队员只跟随到无球者接到球为止，投篮者出手后3人立即抢篮板球。

【游戏方法三】

3名同学一组，两名同学进攻，一名同学防守。两名进攻队员在三分线外站好，一名同学站在三分线45°持球，准备原地传球，另一名同学站在三分线弧顶，防守队员防守有球者，并干扰其传球。游戏开始后，无球同学假意向无人方向空切，然后突然向有人一侧跑动并伸手要球，接球后急停投篮，当其接到球后，防守者立即干扰其投篮，投篮者出手后，3人立即抢篮板球。

【游戏规则】

跑动要快，变向要突然，假动作要逼真，利用突然变向与加速摆脱防守者。传球人的传球路线要多变，传球要准确、到位。防守者消极防守。

【游戏目的】

学会外线进攻队员的配合方式。提高学生投篮命中率。增强学生的配合意识。

【温馨提示】

此配合是后卫与前锋之间的常见配合方式，配合的目的是通过简单的跑位制造投篮出手的机会，进球得分是根本目的。因此，当学生熟练掌握跑位路线后，应当强调投篮命中率。开始练习时，可加防守示范，让学生知道什么情况下用，然后无防守练习。在学生的变向处和投篮位置放置标志物，便于学生记忆跑动路线，熟练后取走标志物。再熟练后加防守，让学生体验有防守的情况下，完成投篮任务。

【游戏思考】

由于个体的差异性，每个学生的个人情况都不一样，学习能力也不一样。所以教师在教学中，不能用同一标准和目标来要求所有学生，应该根据每个学生的实际情况，具体问题具体分析。教师要充分考虑每一个学生的篮球基础和身体水平，为不同情况的学生制定不同的、适合他们自己的学习目标，这样才会让学生更好地完成学习目标，增强他们的自信心，让他们更加喜爱篮球课，更加热爱篮球运动。

像游戏涉及投篮准确性，配合意识等问题，这些都不是短时间能解决的，需要在教学中长期地积累与训练，游戏只是一种方法手段，能力的提升还需要不断地强化。

游戏案例79：跑中线折返接球投篮

【适合年级】

小学中高年级

【游戏方法一】

两名同学（A、B）一组，A同学站在三分线内持球，准备原地传球，B同学站在中线处。游戏开始后，B同学跑向同伴，并在自己的投篮范围内接球投篮，无论球中与否转身跑回中线处重复刚才的练习。A同学传完球后转身抢篮板球等待下一次传球。投完5个球后，两人交换角色再练习。

如图79-1所示。

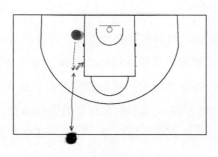

图79-1

【游戏方法二】

　　两名同学（A、B）一组，A同学站在三分线内持球，准备原地传球，B同学站在中线处。游戏开始后，B同学跑向同伴，并在自己的投篮范围内接球投篮，无论球中与否去抢篮板球。此时，A同学跑向中线处重复刚才B同学的练习形式，B同学抢到篮板球后重复A同学的任务，两人重复交替练习投篮。

【游戏方法三】

　　5—6名学生一组，两组（A、B）配合做游戏。A组同学站在三分线内持球准备原地传球，B组同学站在中线处。游戏开始后，B组同学每人对应一个同伴并跑向他，在自己的投篮范围内接到传球后投篮，无论球中与否转身跑回中线处重复刚才的练习。A组传完球后转身抢篮板球，等待下一次传球。投10个球后，A、B两组交换练习。

【游戏规则】

　　投篮者以最快的速度跑位、接球、投篮。传球者传球准确、到位。方法三抢篮板球时不用特意找对应人投出的球，哪个球离你近拿哪个球。

【游戏目的】

　　让学生体会快速跑动后接球投篮的感觉，以适应比赛的节奏。培养传球者抢篮板球的意识。

【温馨提示】

　　这项练习对于投篮者的体能消耗比较大，目的是让学生练习在疲劳状态下把球投进。教师要根据学生的差异制定投篮次数，也可以以投进几个为交换点。练习时，还可以让传球人传完球后，伸手干扰投篮者，锻炼学生抗干扰的能力。方法三中是分组练习投篮，传球组的队员在站位时可围着篮筐均匀排列开，以便任何方向的篮板球都有人能接住，方便大家练习。

【游戏思考】

教师当前应重新认识篮球运动的起源和发展历程，深入了解篮球运动的游戏本质、健身功能、娱乐属性和竞赛品质，细致研究篮球学习目标的内涵，针对小学生的年龄特征、身心特点以及本校学生的技能水平和素质状况，合理、恰当地选择篮球教学内容和教学方法。

技能、体能是对矛盾体，先有技能没有体能是行不通的，相反光有体能无技能也是一筹莫展的，只有二者统一协调、共同发展，才能有效提升学生的运动能力。

游戏案例80：接运投（以篮筐右侧为例）

【适合年级】

小学中高年级

【游戏方法一】

两名同学一组，一名同学（外线）站在三分线45°持球，准备原地传球，另一名同学（内线）背向篮筐在三秒区外两腿分开、重心下降准备接球。传球者将球传给内线同学，内线同学接球后，横压球至篮下，与篮板平行后擦板投篮，无论球进与否抢篮板球，然后排到队尾。下一名同学跑至三秒区外准备接球，重复前一名同学的练习方法继续练习。

如图80-1所示。

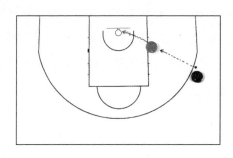

图80-1

【游戏方法二】

3名同学一组，两名同学进攻，一名同学防守内线同学。持球同学（外线）站在三分线45°，准备原地传球，另一名同学（内线）背向篮筐，在三秒区外两腿分开、重心下降准备接球，防守者站在他背后对其进行防守（消极防守）。传球者将球传给内线同学，内线同学接球后，横压球至篮下与篮板平行后擦板投篮，无论球进与否，3人均抢篮板球。

【游戏方法三】

3名同学一组，两名同学进攻，一名同学防守传球同学。持球同学（外线）站在三分线45°，准备原地传球，防守队员站在他面前干扰其传球。另一名同学（内线）背向篮筐，在三秒区外两腿分开、重心下降准备接球，传球者将球传给内线同学，内线同学接球后，横压球至篮下与篮板平行后擦板投篮，无论球进与否，3人均抢篮板球。

【游戏规则】

接球同学重心下降，接球后运球不要走步。投篮者要球时必须背向篮筐，投篮时身体要与篮板平行。防守队员消极防守。

【游戏目的】

学习简单的配合套路，提高个人得分能力。让学生体会篮下一打一的方法，要始终将防守者靠在身后。提高学生篮下投篮命中率。

【温馨提示】

这是一个内线队员与外线队员的小配合。本游戏在最初讲解、示范时，可以加一名防守队员，有助于学生理解该动作的意义，从而更好地进行学练。游戏时还要注意，不要只在一边练习，要两边都练。提示学生接球第一步靠近篮筐的脚要向篮筐方向挤一步，然后再横压球，以便更好地占据有利位置。此项技术适用于大打小时，直接强攻。后期练习一定要加防守，让学生体会如何用力，如何在有防守的情况下投进篮。

【游戏思考】

小学生生性活泼，喜欢竞争，教师应因势利导，将篮球游戏教学与竞赛有机结合起来，让学生在亦游戏亦竞赛的活动形式中掌握和应用篮球基本技能，享受篮球运动乐趣，增强身心健康水平。竞赛法也不失为有效的教学方法之一。

小学篮球教学多以单一技术、技能教学为主，这不利于学生篮球战术意识、团队意识的培养。因此，通过游戏的形式可进一步巩固学生篮球技能，提高学生综合控球的能力。

游戏案例81：运球虚晃再投（以篮筐右侧为例）

【适合年级】

小学中高年级

【游戏方法一】

两名同学一组，一名同学（外线）站在三分线45°持球，准备原地传球，另一名同学（内线）背向篮筐，在三秒区外两腿分开、重心下降准备接球。传球者将球传给内线同学，内线同学接球后横压球至篮下与篮板平行后虚晃投篮一次，然后再擦板投篮，无论球进与否抢篮板、排到队尾。下一名同学跑至三秒区外准备接球，重复前一名同学的练习方法，连续进行。

如图81-1所示。

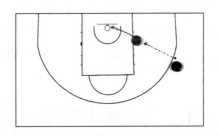

图81-1

【游戏方法二】

3名同学一组，两名同学进攻，一名同学防守内线同学。持球同学（外线）站在三分线45°，准备原地传球，另一名同学（内线）背向篮筐，在三秒区外两腿分开、重心下降准备接球，防守者站在他背后对其进行防守。传球者将球传给内线同学，内线同学接球后横压球至篮下，与篮板平行后虚晃投篮一次，然后再擦板投篮，无论球进与否，3人均抢篮板球。

【游戏方法三】

3名同学一组，两名同学进攻，一名同学防守传球同学。持球同学（外线）站在三分线45°准备原地传球，防守队员站在他面前干扰其传球。另一名同学（内线）背向篮筐，在三秒区外两腿分开、重心下降准备接球，传球者将球传给内线同学，内线同学接球后横压球至篮下与篮板平行后虚晃投篮一次，然后再擦板投篮，无论球进与否，3人均抢篮板球。

【游戏规则】

投篮者要球时必须背向篮筐，投篮时身体要与篮板平行。将防守队员挡在身后或侧后方，投篮之前臀部后坐。

【游戏目的】

让学生体会篮下一打一的方法，要始终将防守者靠在身后。学会运用投篮假动作，提高学生篮下投篮命中率。

【温馨提示】

提示学生接球第一步靠近篮筐的脚要向篮筐方向挤一步，然后再横压球（滑步运球），以便更好地占据有利位置。此游戏针对上一个游戏多了一个投篮假动作，让学生学会根据防守者的情况选择假投或是真投。这项技术是用投篮假动作将防守人晃起来之后再跳起投篮，意图造成2+1。此项练习要两边都练，让学生两边都会打。后期练习时，一定要加上防守队员，让学生体会如何用力，如何在有防守的情况下投进篮。

【游戏思考】

要想提高教学效率，就必须在普通技术教学中，有效运用游戏化的教学模式。那么具体我们该怎么做呢？一方面是针对运球这一专项技术教学，对游戏的有效运用措施：小学生在对运球这一技术的学习过程中，会出现很多问题，教师们可以根据具体情况，对不同的学生进行有针对性的训练，为不同的学生设计不同的游戏，让他们在游戏中进行学习；一方面是在传、接球这一专项技术教学中对游戏的有效运用：篮球是一个综合性很强的体育项目，它最基本的要求就是需要整个团队的各个队员，在进行比赛的时候都要团结合作、密切配合。

游戏案例82：运球虚晃上步投（以篮筐右侧为例）

【适合年级】

小学高年级

【游戏方法一】

两名同学一组，一名同学（外线）站在三分线45°持球，准备原地传球，另一名同学（内线）背向篮筐在三秒区外两腿分开、重心下降准备接球，传球者将球传给内线同学，内线同学接球横压球至篮下，与篮板平行后虚晃投篮一次，然后上右脚穿过篮筐，两脚同时起跳，反手勾手投篮，无论球进与否抢篮板、排到队尾。下一名同学跑至三秒区外准备接球，重复前一名同学的练习方法，连续进行。

如图82-1所示。

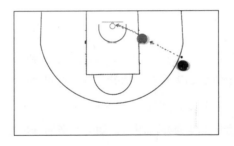

图82-1

【游戏方法二】

3名同学一组，两名同学进攻，一名同学防守内线同学。持球同学（外线）站在三分线45°准备原地传球，另一名同学（内线）背向篮筐在三秒区外两腿分开、重心下降准备接球，防守者站在他背后对其进行防守。传球者将球传给内线同学，内线同学接球横压球至篮下，与篮板平行后虚晃投篮一次，然后上右脚穿过篮筐，两脚同时起跳，反手勾手投篮，无论球进与否，3人均抢篮板球。

【游戏方法三】

3名同学一组，两名同学进攻，一名同学防守传球同学。持球同学（外线）站在三分线45°准备原地传球，防守队员站在他面前干扰其传球。另一名同学（内线）背向篮筐，在三秒区外两腿分开、重心下降准备接球，传球者将球传给内线同学，内线同学接球横压球至篮下，与篮板平行后虚晃投篮一次，然后上右脚穿过篮筐，两脚同时起跳，反手勾手投篮，无论球进与否，3人均抢篮板球。

【游戏规则】

投篮者要球时必须背向篮筐。横压球到篮下的最后一步要双脚同时落地。上步勾手投篮要两脚同时跳起，不要走步。

【游戏目的】

让学生体会篮下一打一的方法，要始终将防守者靠在身后。提高学生反手勾手投篮的命中率。

【温馨提示】

提示学生接球第一步靠近篮筐的脚要向篮筐方向挤一步，然后再横压球，以便更好地占据有利位置。横压球到篮下，双手持球之前的那一步要双脚同时落地，便于上步勾手的进行，避免走步。此游戏是学生利用投篮假动作将防守人晃起后，上步从另一个方向勾手投篮的方法，不想造犯规时可用此方法。教师要向学生讲清楚用的时机。此项练习要两边都练，让学生两边都会打。后期练习时一定要加防守练习，让学生体会如何用力，如何在有防守的情况下投进篮。

【游戏思考】

高年级学生喜欢富有挑战性的游戏，因此，教师可以多采用具有一定竞争性的游戏教学模式，这种模式不仅可以调动学生的学习积极性，还会让学生始终保持高昂的学习状态，同时也能让学生从游戏中体会到集体合作的力量，从而让他们充分了解和明白团结合作的重要性。教师将游戏内容合理地融入篮球教学，不仅有助于消解学生在学习过程中产生的枯燥情绪，进而让学生在快乐的氛围中学习，还能在不知不觉中达到篮球教学的目的。

游戏案例83：运球转身投（以篮筐右侧为例）

【适合年级】

小学中高年级

【游戏方法一】

两名同学一组，一名同学（外线）站在三分线45°持球，准备原地传球，另一名同学（内线）背向篮筐，在三秒区外两腿分开、重心下降准备接球。传球者将球传给内线同学，内线同学接球向篮筐下横压球，然后突然运球转身投篮，无论球进与否抢篮板、排到队尾。下一名同学跑至三秒区外准备接球，重复前一名同学的练习方法，连续进行。

如图83-1所示。

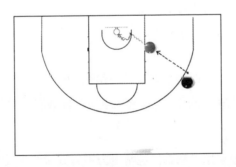

图83-1

【游戏方法二】

3名同学一组，两名同学进攻，一名同学防守内线同学。持球同学（外线）站在三分线45°，准备原地传球，另一名同学（内线）背向篮筐，在三秒区外两腿分开、重心下降准备接球，防守者站在他背后对其进行防守。传球者将球传给内线同学，内线同学接球向篮筐下横压球，然后突然运球转身投篮，无论球进与否，3人均抢篮板球。

【游戏方法三】

3名同学一组，两名同学进攻，一名同学防守传球同学。持球同学（外线）站在三分线45°准备原地传球，防守队员站在他面前干扰其传球。另一名同学（内线）背向篮筐，在三秒区外两腿分开、重心下降准备接球，传球者将球传给内线同学，内线同学接球向篮筐下横压球，然后突然运球转身投篮，无论球进与否，3人均抢篮板球。

【游戏规则】

运球转身投篮的速度要快，注意运球转身时不要走步。

【游戏目的】

让学生体会篮下一打一的方法，要始终将防守者靠在身后。提高学生运球转身投篮的命中率。

【温馨提示】

提示学生接球第一步靠近篮筐的脚要向篮筐方向挤一步，然后再横压球，以便更好地占据有利位置。此项技术是学生发现无法将防守者压在身后，且投篮的有利位置已被占据时，采用运球转身投篮。教师要向学生讲清楚用的时机。此项练习要两边都练，让学生两边都会打。后期练习时，一定要加防守练习，让学生体会如何贴身运球转身，如何在有防守的情况下投进篮。

【游戏思考】

小学高年级一般采用以基本技能学习为主的篮球游戏教学，将球性、球感练习，基本技能学习融于游戏之中，突出小学篮球技能学习的游戏化特色，增强学生学习篮球的主动性和实用性。此外，小学生生性活泼、喜欢竞争，教师应因势利导，将篮球游戏教学与竞赛有机结合起来，让学生在亦游戏、亦竞赛的活动形式中掌握和应用篮球基本技能，享受篮球运动的乐趣，增强身心健康水平。竞赛法也不失为有效的教学方法之一。

游戏案例84：运球转身虚晃再投（以篮筐右侧为例）

【适合年级】

小学高年级

【游戏方法一】

两名同学一组，一名同学（外线）站在三分线45°持球准备原地传球，另一名同学（内线）背向篮筐，在三秒区外两腿分开、重心下降准备接球，传球者将球传给内线同学，内线同学接球向篮筐下横压球，然后突然运球转身，虚晃投篮一次，做完再投篮。无论球进与否抢篮板、排到队尾。下一名同学跑至三秒区外准备接球，重复前一名同学的练习方法，连续进行。

如图84-1所示。

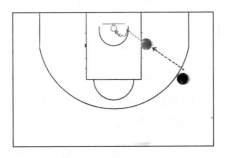

图84-1

【游戏方法二】

3名同学一组，两名同学进攻，一名同学防守内线同学。持球同学（外线）站在三分线45°准备原地传球，另一名同学（内线）背向篮筐，在三秒区外两腿分开、重心下降准备接球，防守者站在他背后对其进行防守。传球者将球传给内线同学，内线同学接球后，向篮筐下横压球，然后突然运球转身，虚晃投篮一次，然后再投篮。无论球进与否，3人均抢篮板球。

【游戏方法三】

3名同学一组，两名同学进攻，一名同学防守传球同学。持球同学（外线）站在三分线45°准备原地传球，防守队员站在他面前干扰其传球。另一名同学（内线）背向篮筐在三秒区外两腿分开、重心下降准备接球，传球者将球传给内线同学，内线同学接球向篮筐下横压球，然后突然运球转身虚晃投篮一次，做完再投篮。无论球进与否，3人均抢篮板球。

【游戏规则】

运球转身速度要快，不要走步。虚晃投篮的假动作要逼真。

【游戏目的】

让学生体会篮下一打一的方法，要始终贴着防守者运球，同时，保护好球。提高学生运球转身的技术，以及投篮假动作的逼真程度。

【温馨提示】

提示学生接球第一步靠近篮筐的脚要向篮筐方向挤一步，然后再横压球，以便更好地占据有利位置。此项技术是学生发现无法将防守者压在身后、且投篮的有利位置已被占据时，采用运球转身，当防守人迅速跟上时虚晃投篮一次，当防守者被晃起后，再真投篮。教师要向学生讲清楚用的时机。此项练习要两边都练，让学生两边都会打。练习后期一定要加防守练习，让学生体会如何将防守者晃起来，如何在有防守的情况下投进篮。

【游戏思考】

篮球有技巧性，这些技巧大多要从实际训练中体验并获得，正所谓实践出真知。教师要对篮球技巧进行展示和传授，帮助学生建立技巧概念和意识，注意对技巧动作的探索和训练。篮球技巧包含多个方面，在运球、传球、投篮、防守、抢断等环节都有技巧。教师要根据学生的年龄特点和篮球基础，有针对性地展示相关技巧，并鼓励学生进行技巧练习，从具体实践中感知篮球技巧的运用。

因此，日常游戏教学中，教师只是讲解方法与规则是不够的，也应像主要教学内容一样给予学生必要的示范。尤其是这些组合技术动作，更要以教师的示范引领学生学习的动力，激发学生的学习动机。

游戏案例85：运球转身虚晃上步投篮（以篮筐右侧为例）

【适合年级】

小学高年级

【游戏方法一】

两名同学一组，一名同学（外线）站在三分线45°持球准备原地传球，另一名同学（内线）背向篮筐，在三秒区外两腿分开、重心下降准备接球，传球者将球传给内线同学，内线同学接球向篮筐下横压球，然后突然运球转身虚晃投篮一次，之后再上步投篮。无论球进与否抢篮板、排到队尾。下一名同学跑至三秒区外准备接球，重复前一名同学的练习方法，连续进行。

如图85-1所示。

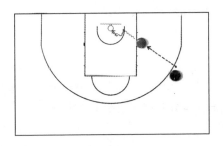

图85-1

【游戏方法二】

3名同学一组，两名同学进攻，一名同学防守内线同学。持球同学（外线）站在三分线45°准备原地传球，另一名同学（内线）背向篮筐，在三秒区外两腿分开、重心下降准备接球，防守者站在他背后对其进行防守。传球者将球传给内线同学，内线同学接球向篮筐下横压球，然后突然运球转身虚晃投篮一次，之后再上步投篮。无论球进与否，3人均抢篮板球。

【游戏方法三】

3名同学一组，两名同学进攻，一名同学防守传球同学。持球同学（外线）站在三分线45°准备原地传球，防守队员站在他面前干扰其传球。另一名同学

（内线）背向篮筐，在三秒区外两腿分开、重心下降准备接球，传球者将球传给内线同学，内线同学接球向篮筐下横压球，然后突然运球转身虚晃投篮一次，之后再上步投篮。无论球进与否，3人均抢篮板球。

【游戏规则】

运球转身速度要快。上步要"扛着"防守者上左脚，投篮时两脚同时起跳，不要走步。

【游戏目的】

让学生体会篮下一打一的方法，要始终贴着防守者，保护好球。提高学生运球转身的技术。提高篮下投篮命中率。

【温馨提示】

提示学生接球第一步靠近篮筐的脚要向篮筐方向挤一步，然后再横压球，以便更好地占据有利位置。此项技术是学生发现无法将防守者压在身后且投篮的有利位置已被占据时，采用运球转身，当防守人迅速跟上时虚晃投篮一次，当防守人被晃起后，上步投篮造犯规，上步时要上左脚，因为右手运球转身时，右脚先落地即为重心脚，只能移动非重心脚——左脚。教师要向学生讲清楚用的时机。此项练习要两边都练，让学生两边都会打。练习后期一定要加防守练习，让学生体会如何造犯规，如何在对方犯规的情况下投进篮。

【游戏思考】

投篮是小学篮球教学中比较难的技术内容了，本游戏以技术组合的形式呈现了一个片段式的教学内容，实际教学中会遇到许多困难。因此，可以把其中的内容进行拆分，学生可分成若干个组合，先进行运球转身——虚晃的游戏，以运球闯障碍的形式逐步完成技术组合，以游戏的形式融合技术学习。

游戏案例86：连续篮下擦板投篮

【适合年级】

小学中高年级

【游戏方法一】

学生持球在篮下45°位置站好。游戏开始后，学生擦板投篮，然后向篮筐另一侧的45°位置交叉步，顺势接住投进的球，继续擦板投篮，然后交叉步返回原位置擦板投篮，连续投进3个球，游戏结束。

如图86-1、86-2所示。

图86-1   图86-2

【游戏方法二】

学生持球在篮下45°位置站好。游戏开始后，学生擦板投篮，然后向篮筐另一侧的45°位置交叉步，顺势接住投进的球（投不进的球抢篮板球，然后运球回到指定位置）擦板投篮，然后交叉步返回原位置擦板投篮，左右连续交叉步擦板投篮10次，游戏结束。

【游戏方法三】

学生持球在三秒区内站好，将球抛向篮板，然后跳起接住球，在篮下45°位置擦板投篮。如此反复练习5次，游戏结束。

【游戏规则】

交叉步接球投篮不得走步。若球未投进，则先抢篮板，然后运球交叉步到指定地点擦板投篮。抛向篮板的球的力量适中，学生跳起接住球后，落在45°擦板投篮的位置为宜。

【游戏目的】

巩固篮下擦板投篮技术，学会交叉步投篮的步伐。提高篮下投篮命中率。

【温馨提示】

在进行此游戏时，要注意两个细节，一是除了跳起投篮，其他时刻学生的重心都要降低（比赛时低重心便于学生选择其他动作）；二是跳起投篮时，臀部要向后靠（比赛时可有效防止防守队员盖帽）。初次做游戏时，规定学生投进的次数不要多，主要体会动作，熟练后逐渐增加进球次数。若学校有条件，可安上篮球网，这样进球后落球的方向比较固定，便于学生练习。

【游戏思考】

虽然游戏是辅助篮球教学的有效手段，但应该注意游戏的时间。因为篮球课上还有基本的篮球知识讲解的设置。游戏可以更好地使学生了解这些基础知识，但它不是整个篮球课堂的主体，所以应该注意游戏时间的分配，不能过多地安排游戏时间，使学生忽略基本知识，更不能过少地安排游戏时间，这会影响学生的学习热情。所以，安排好篮球课中游戏的时间是十分重要的。

游戏案例87：十面埋伏

【适合年级】

小学中高年级

【游戏方法一】

5名学生一组，一名学生在中圈内准备突围，另外4名同学进行防守，沿着场地中圈线朝一个方向做滑步练习。游戏开始后，突围同学抓准时机从两名防守同学之间冲出去，若被防守队员的身体任何部位触碰到，则突围同学回到圆心，重新再找机会突围，直到突围成功，游戏结束。

如图87-1、87-2所示。

图87-1　　　　　　　　　　　　　图87-2

【游戏方法二】

5名学生一组，一名学生在中圈内准备突围，另外4名同学进行防守，沿着场地中圈线朝一个方向做滑步练习，听哨声转换滑步的方向。游戏开始后，突围同学抓准时机从两名防守同学之间冲出去，若被防守队员的身体任何部位触碰到，则突围同学要与其中一名防守者交换角色，重新游戏，直到突围成功，游戏结束。

【游戏方法三】

6名学生一组，两名学生在中圈内准备突围，另外4名同学进行防守，沿着场地中圈线朝一个方向做滑步练习。游戏开始后，突围同学抓准时机从两名防守同学之间冲出去。若有一名突围者成功了，则防守队员要减少一名成员，继续比赛。若突围者被防守队员的身体任何部位触碰到，则该突围同学成为防守队员，和他们一起沿中圈线滑步，防止最后一名突围者突围。直到突围成功或防守成功，游戏结束。

【游戏规则】

滑步同学沿同一个方向滑步，避免相撞；听到哨声后转换滑步方向；防止突围只能靠脚下快速移动挡住突围者，不能靠手拉。

【游戏目的】

提高突围者的观察、判断能力及突然加速的能力。加快学生防守脚步的移动速度，培养团结协作的能力。

【温馨提示】

游戏时，有些突围者会等防守者累了再突围，教师可以规定突围者在中圈内停留的时间，还可以让防守者帮着数数，督促其快突围。

【游戏思考】

与一般的教学活动相比，篮球游戏具有超强的吸引力和感染力。在体育教学中，使用游戏的方式能够使学生的学习积极性和主动性得到充分调动。教师可以通过游戏的方式设定规则和原则，这样使教学实践和游戏的准则能够有效结合到一起，使学生在游戏中了解篮球的基本知识和基本技术，并且使其对篮球运动产生热爱之情。

游戏的规则就像一首歌曲的乐谱，通过对游戏规则的调整可以创编出更多的游戏内容，教师要因势利导巧妙设计、构思新颖，精心设计每一个游戏环节。

游戏案例88：只手遮天

【适合年级】

小学中高年级

【游戏方法一】

两名学生一组，一名学生持球做投篮、传球的假动作，防守者碎步迎防，并用手封锁其传球及投篮的路线，听哨声两人互换角色。

如图88-1、88-2所示。

图88-1   图88-2

【游戏方法二】

3名学生一组，两名同学相互传接球，每次接到球做几次投篮、传球的假动作，然后再将球传出。一名同学防守，在两名同学之间移动时做滑步，贴身防守时用碎步迎防，并用手封锁其传球及投篮的路线。反复练习多次后，再交换角色练习。

【游戏方法三】

两名学生一组面对面，相距3—5米。游戏开始后，两人相向而行，持球同学运球，防守同学做碎步迎防。两人汇合后，运球同学持球做投篮、传球的假动作，防守者碎步迎防，并用手封锁其传球及投篮的路线，听到哨声后两人退回原位，重新游戏。

【游戏规则】

防守者占据有利位置后脚下保持碎步，不能站死。防守者手随球动，真正封锁住其传球及投篮路线。持球者的传球及投篮假动作尽可能多变，避免单一重复的动作。方法二中，进攻者接到球后，要做投篮及传球的假动作，让防守队员把防守动作做充分了。

【游戏目的】

让持球者知道传球有多种路线。加强防守者的防守能力，手上封堵速度要快，脚下碎步速度要快。

【温馨提示】

此游戏是当持球队员死球时，防守队员采取的贴身防守策略，教师要在练习前讲清楚，让学生知道何时用。

【游戏思考】

篮球游戏作为一种重要的教学手段，是为了辅助篮球教学任务更好地完成。事实上，学生对游戏的掌握程度就是篮球课堂教学成果的直观反映。如果学生能够很好地掌握本节课的篮球游戏，说明学生对篮球课内容的掌握很扎实。如果学生不能掌握篮球游戏，说明篮球课程并没有对学生产生好的影响。因此，篮球游戏内容的设置对篮球课堂效果的影响是十分重要的。

尤其是在本次游戏中看似简单的内容，其实并不简单，要求学生要观察的仔细、反应灵敏，手脚协调、到位。

游戏案例89：遛"鸭子"

【适合年级】

小学中低年级

【游戏方法一】

将学生平均分成若干组。游戏开始后，各组第一名同学手拿呼啦圈遛"鸭子"（篮球），到指定地点后，返回起点交给下一名同学，形成接力，哪组先完成哪组获胜。

如图89-1所示。

图89-1

【游戏方法二】

将学生平均分成若干组。游戏开始后，各组第一名同学手拿呼啦圈遛"鸭子"，到指定地点后，将呼啦圈和"鸭子"放下，徒手返回起点，与下一位小伙伴击掌，下一位小伙伴徒手跑到对面，拿起呼啦圈遛"鸭子"返回，形成接力，哪组先完成哪组获胜。

【游戏方法三】

将学生平均分成若干组，每组人数少于4人。在各组的指定地点放若干只"鸭子"，篮球数量与各组游戏人数相等。游戏开始后，各组第一名同学手拿呼啦圈跑到对面指定地点，遛一只"鸭子"返回起点。回到起点后，交给第二名同学，第二名同学遛一只"鸭子"到对面指定地点，然后遛两只"鸭子"返回起点，交给下一位同学，每次多遛一只"鸭子"，直到所有"鸭子"被带回到起点，游戏结束。

【游戏规则】

游戏过程中不能用脚踢、不能用手拿篮球，只能用呼啦圈拉着球前进。

【游戏目的】

提高学生身体协调性，发展学生手、脚协调配合的能力。培养学生的团队精神。

【温馨提示】

此游戏会出现呼啦圈从球上面过和从球下面过两种情况。教师要让学生在一次次的游戏中摸索出规律，最后告诉学生怎样才能快速完成遛"鸭子"的游戏。游戏时，组与组之间要拉开距离，避免学生因眼睛盯着球而看不到场上情况发生危险。遛"鸭子"时，可以用一个呼啦圈，人多球多时，可以用两个。

【游戏思考】

游戏的选择应该符合本节课篮球教学的内容，不能超出篮球课上的教学任务或者是与篮球的教学无关，同时还应该考虑到学生是否能够接受这种游戏性质。好的游戏的选择有助于提高教学效果，同时有利于教学任务的完成，所以选择合适的游戏是篮球教学的重要内容，不容忽视。

本游戏没有涉及篮球技术环节，在篮球教学开展前或学习后可创编些利用篮球活动的游戏，既能一物多用，又能提高学生的球性，让学生与球之间，有更多的接触。

游戏案例90：滚球接力赛

【适合年级】

小学中低年级

【游戏方法一】

将学生平均分成4组，各组排头学生拿一个球，并将球放在起点线上。游戏开始后，学生开始地滚球，并绕过标志桶返回起点，将球交给下一位小伙伴，形成接力，哪组先完成哪组获胜。

如图90-1所示。

图90-1

【游戏方法二】

将学生平均分成4个队，每队平均分成两组分站两边，每队一个篮球，各队第一名学生持球，并将球放在起点线上。游戏开始后，第一名学生开始地滚球，到达对面后，将球交给对面的同伴，形成迎面接力。哪个队先完成哪个队获胜。

【游戏方法三】

将学生平均分成4个队，每队平均分成两组分站两边，每队两个篮球，各组第一名学生持球，并将球放在起点线上。游戏开始后，两边的第一名学生开始地滚球，两人相遇后，交换手中的球，然后拿着同伴的球地滚球返回起点，交给下一位同伴，形成接力。哪个队先完成哪个队获胜。

【游戏规则】

听到哨响才能开始，不得抢跑。第一、第二种玩法交接球时，要在起点线后完成。游戏时，学生用一只手完成地滚球，要做到手不离球、球不离地。若出现失误，立即返回丢球地点重新游戏。要在本组的"领地"上进行游戏，不得侵占他组"领地"。

【游戏目的】

发展学生下肢力量，增强手对球的感知能力，提高学生手、脚协调配合的能力。培养学生的团队意识。

【温馨提示】

　　提示学生地滚球的身体姿势是半蹲跑，触球手应当托球的后下部，掌心向前，让球转起来。滚动时个别手指可以加力，控制球的滚动方向和速度。待学生熟练掌握右手地滚球的方法后，可让学生尝试左手练习，发展学生右脑控制身体的能力。最后还可以形成双手滚双球，两只手各控制一个篮球，提高学生左、右手的协调能力。游戏时，要统一学生地滚球的路线、规范学生交接球的方向与位置，避免因为想赢比赛而出现学生相撞的现象，造成不必要的麻烦。

【游戏思考】

　　不同的游戏需要不同的运动量，适合不同的学生。选择具有合适运动量的游戏对于体育课十分重要。一般说来，女生的运动量较小，而男生的运动量较大，所以可以将男、女生的游戏分开来，达到教学目的。游戏和篮球教学是统一的有机体，不能分割的。它们相互依存，相辅相成。

　　游戏中长期使用一种姿势会影响学生练习的效果，尤其是此游戏中半蹲时间长，对学生来讲有些吃不消，因此，可以采用各种姿势相结合的形式变化进行，避免劳累。

游戏案例91：喊号滚球

【适合年级】

　　小学中高年级

【游戏方法一】

　　多名学生一组，一名同学在场地中间（持球）喊号，其他同学每人对应一个数字。游戏开始后，中间同学向上抛球并喊数字（或人名），然后与没被叫到号的同学一起向远离球的方向跑，被叫的那名同学接住球的瞬间喊"定"。此时其他同学要立即停在原位，接球同学将球滚向任意一名同学，若球触碰到这位同学即为胜利，没触碰到则为失败。

　　如图91-1所示。

图91-1

【游戏方法二】

多名学生一组，每名同学对应一个数字，包括在场地中间喊号的同学。游戏开始后，中间同学向上抛球并喊数字（或人名）。若喊的是自己，就自己接住球喊"定"。若喊的是其他人，则与没被叫到号的同学一起向远离球的方向跑，被叫的那名同学接住球的瞬间喊"定"。此时，其他同学要立即停在原位，接球同学将球滚向任意一名同学，若球触碰到这位同学即为胜利，没触碰到则为失败。

【游戏方法三】

多名学生一组，一名同学在场地中间（持球）喊号，其他同学每人对应一个数字。游戏开始后，中间同学向上抛球并喊数字（或人名），然后与没被叫到号的同学一起跑向"老家"，被叫的那名同学接住球的瞬间喊"定"。此时，没跑到"老家"的同学算输，若都跑回了"老家"，则算接球同学输。

【游戏规则】

抛球同学要将球抛起后再叫号（或人名），不能提前叫号。接球的同学要接到球才能喊"定"，不能提前喊。喊"定"后，跑着的同学必须立即停止跑动，站在原地。

【游戏目的】

发展学生快速反应能力及奔跑能力。

【温馨提示】

根据学生的能力，可适当调整学生活动的范围，从而增加游戏的难度。没叫到号的同学跑动时要注意安全，避免撞到其他同学。

【游戏思考】

　　小学生思想活跃、好奇心强，愿意接受新鲜事物。教学方法过于陈旧、组织方法过于呆板，学生必然产生见多不鲜、玩多必腻的心理。因此，只要有助于学生健康，适合小学生身心特点，我们都可以将其引进到教学中来。

　　快反的形式是游戏中经常运用的一种形式，小学生特别适合灵敏类游戏内容，这与其身心发展特点是相吻合的。

游戏案例92：坚持到底

【适合年级】

　　小学中高年级

【游戏方法一】

　　学生横向排列，双臂撑起上体，背部朝上，第一名同学负责地滚球。游戏开始后，第一名同学传地滚球，并让球从其他同学的身体下面通过，传完后像其他同学一样双臂撑地。此时，最后一名同学迅速接球，抱球跑至起点继续传地滚球，形成接力，直至最后一名同学做完，游戏结束。哪组最先完成哪组获胜。

　　如图92-1所示。

图92-1

【游戏方法二】

　　学生横向排列，双臂撑起上体，背部朝下，第一名同学负责传地滚球。游戏开始后，第一名同学传地滚球，并让球从其他同学的身体下面通过，传完后像其他同学一样双臂撑地。此时，最后一名同学迅速接球，抱球跑至起点继续传球，形成接力，直至最后一名同学做完，游戏结束。哪组最先完成哪组获胜。

【游戏方法三】

3—5人一组，站成纵队，朝一个方向单手撑地，另一只手扶旁边同学的肩膀，第一名同学负责传地滚球。游戏开始后，第一名同学传地滚球，并让球从其他同学的身体下面通过，传完后像其他同学一样单手撑地。此时，最后一名同学迅速接球，抱球跑至起点继续传球，形成接力，直至最后一名同学做完，游戏结束。哪组最先完成哪组获胜。

【游戏规则】

用地滚球传球。传球时，所有同学必须双（单）臂撑起、腰部挺直。若球没能顺利通过，球停在谁附近，谁就用一只手推一下球。单手撑地时，要注意安全。

【游戏目的】

发展学生上肢及腰腹力量，提高集体合作配合的能力。

【温馨提示】

根据学生年龄及运动能力的不同，可适量增减每组学生的人数，合理安排运动负荷。规定学生使用地滚球的传球方法进行游戏，避免反弹球砸伤其他同伴。

【游戏思考】

学生学习的内部动力是学习动机。有了学习动机，学生才能积极主动地去学习。正如高尔基所说："在生活中，没有任何东西比人的行动动机更重要，更珍奇的了。"教师在教学中要多加强学生学习动机的教育，善于激发学生学习篮球的动机，帮助他们实现由"要我学"到"我要学"的转变。

体能是多年来学校体育一直关注的问题，游戏不仅要带给学生运动乐趣，还要提升学生身体素质，以游戏的形式开展体能练习，既有兴趣又有效果。

游戏案例93：筷子兄弟

【适合年级】

　　小学中高年级

【游戏方法一】

　　平均分成三组，两名同学用两根体操棒夹住两个篮球。游戏开始后，两人在保证篮球不落地的情况下，快速跑向终点，哪组最先到达终点哪组获胜。

　　如图93-1所示。

图93-1

【游戏方法二】

　　平均分成三组，两名同学用两根体操棒夹住两个篮球。游戏开始后，两人在保证篮球不落地的情况下，快速跑向指定地点，到达指定地点后，两人将体操棒和篮球放在地上，徒手跑回，与下两位同学击掌，下两位同学徒手跑到指定地点后，拿起体操棒夹住两个篮球返回起点，交给下两位同学，形成接力，哪组最先完成哪组获胜。

【游戏方法三】

　　平均分成三组，两名同学面向前面，一前一后站好，两人中间拿着两根体操棒夹住一个篮球。游戏开始后，两人在保证篮球不落地的情况下，快速跑向指定地点，到达指定地点后，绕过标志桶返回起点，交给下两位同学，形成接力，哪组最先完成哪组获胜。

【游戏规则】

游戏时，必须两人用两根体操棒夹球跑，不得用手扶球。游戏过程中，若出现球落地的现象，要迅速将球捡起，从掉球地点继续游戏。

【游戏目的】

培养学生快速移动的能力，发展上肢力量，提高两人用体操棒夹球配合跑的能力，培养互助合作的意识。

【温馨提示】

学生刚开始游戏时，可以先夹一个球，熟练后再夹两个球。还可以增添取球、放球环节，增加趣味性。体操棒要长短一致，球的大小要统一。提示学生不能用体操棒与同伴打闹。

【游戏思考】

在教学中，适当地运用比赛教学，可以激发学生的斗志，调动学生积极向上的意志，能更大地发挥学生的主动性和积极性，对于提高他们学习篮球的兴趣有着很大的促进作用。

从游戏的名称之中就可以感知到此游戏重点在于合作，游戏中很多的环节都是需要合作的。合作无论在教学中，在生活中也是十分重要的，以游戏的形式促进学生合作能力的提升。

游戏案例94：大力水手

【适合年级】

小学中高年级

【游戏方法一】

学生2人一组面对面站立，双方双手同时抱住一个篮球。游戏开始后，双方用力争夺篮球，5秒钟之内，抢到篮球者获胜。

如图94-1所示。

图94-1

【游戏方法二】

学生2人一组面对面站立，各持一球，两个篮球互碰。游戏开始后，双方手持自己的篮球用力顶对方的篮球。谁能把对方顶出规定范围谁就获胜。

【游戏方法三】

学生2人一组面对面站立，一名同学双手持球。游戏开始后，无球同学用力打有球同学手中的篮球，但不能打手。若在10秒钟之内，将球打掉算无球者胜，若打不掉则算持球者赢。10秒之后，两人交换角色。

【游戏规则】

第一种方法，游戏开始前，双方做好预备姿势：手臂伸直等待教师发令。抢到球后不要抱球跑。第二种方法，球顶球时，球的高度要一致，避免挫手。第三种方法，打球者模仿比赛时抢断对方手中球的样子练习，但只能打球。

【游戏目的】

提高学生上肢力量和身体爆发力。加快反应速度，培养学生拼搏的精神。提高学生抢、断球的能力。

【温馨提示】

提示学生抢球时，要利用身体的力量顺势向怀中带球，抢到球后立即用身体保护球。双方拼抢时，只能用力抓球，不能抓人或有其他危险动作出现。一旦球脱离了自己的手游戏就结束了，若再抢，就犯规了。两球对顶时，要注意用力的方向，以免用力不均而挫手。比赛时，持球队员会出现原地持球的状态，若注意力不集中，很有可能会被对手将球打掉。第三种方法，既是练习持球者对球的控制力，又是在练无球者的抢断球能力。

【游戏思考】

篮球游戏教学法以其适宜的运动负荷来增强学生体质，运动负荷是学生在体育课中做练习时身体所承受的生理负担，它反映练习过程中学生生理机能的一系列变化。合理地安排运动负荷，对促进学生的身体协调发展具有重要作用。

你争我夺，大力水手，以上肢爆发力为主要目的，从另一个角度看也是提高学生抢断球能力。建议游戏后期还可以深度变形，抢球人以运球形式进行，持球人原地托球，以运球进攻触碰或抢断的方法完成任务，提高学生灵敏、力量等素质。

游戏案例95：并驾齐驱

【适合年级】

小学中高年级

【游戏方法一】

平均分成几组，各组第一名同学手持体操棒，脚下放置两个篮球。游戏开始后，学生用体操棒推动两个篮球向前滚动，到达指定地点后返回起点，交给同伴，形成接力。看哪个组最先完成，即获胜。

如图95-1所示。

图95-1

【游戏方法二】

平均分成几个队，每队平均分成两组分站两边，各队第一名同学手持体操棒，脚下放置两个篮球。游戏开始后，第一名同学用体操棒推动两个篮球向前滚动，到达指定地点后，将体操棒和篮球交给对面的同伴，形成迎面接力。看哪个队最先完成，即获胜。

【游戏方法三】

平均分成几个队，每队平均分成两组分站两边，各队第一名同学手持体操棒的中间部位，脚下放置两个篮球。游戏开始后，第一名同学蹲下，用体操棒推动两个篮球向前滚动，蹲走到指定地点后，将体操棒和篮球交给对面的同伴，形成迎面接力。看哪个队最先完成，即获胜。

【游戏规则】

游戏中必须用体操棒不断地推动篮球，不得用力击打篮球。第三种方法学生要蹲走，体操棒横放，手握中间位置，向前推球。参与者要控制篮球在自己的区域内行进，不得影响他人。若丢球，立即用体操棒将球滚回丢球地点，再继续游戏。

【游戏目的】

发展学生身体协调能力，提高灵敏性，培养学生顽强拼搏的精神，发展学生下肢力量，培养团队精神。

【温馨提示】

游戏初期，可以让学生用一根体操棒推动一个篮球，然后再推动两个篮球，熟练后，可用两根体操棒分别控制两个篮球。除了体操棒，还可以用羽毛球拍进行此游戏。游戏中组与组之间要保持合适的距离，以免相互影响。

【游戏思考】

通过篮球游戏教学，让学生学中有玩，玩中有练，练中有想，想练结合，加深了动作记忆，提高了学生学习篮球的兴趣，充分调动了学生的积极性，提高了教学质量，从而巩固提高了篮球的动作技术。

游戏中是以体操棒推动完成的，当学生熟练掌握以后，可以尝试一人二球，并驾齐驱的效果，游戏的内容与技术内容统一结合，相辅相成。

游戏案例96：热力追踪

【适合年级】

　　小学中高年级

【游戏方法一】

　　两名学生相距3米站在场地内，手中各持一球。游戏开始后，前面同学开始运球并不断变换运球方式和运球路线，后面同学跟随其后，追踪并模仿前面同伴的运球方式和路线。到达指定地点，游戏结束。

　　如图96-1所示。

图96-1

【游戏方法二】

　　两名学生相距3米站在场地内，手中各持一球。游戏开始后，前面同学开始运球并不断变换运球方式和运球路线，后面同学跟随其后，追踪并模仿前面同伴的运球方式和路线。到达指定地点后，两人互换角色，返回起点，游戏结束。

【游戏方法三】

　　3名学生相距2—3米站在场地内，手中各持一球。游戏开始后，第一名同学开始运球并不断变换运球方式和运球路线，第二名同学跟随其后，追踪并模仿前面同伴的运球方式和路线，同理，第三名同学模仿第二名同学。到达指定地点，游戏结束。

【游戏规则】

模仿队员要模仿前者的运球方式和路线。若丢球，立即捡回继续游戏。

【游戏目的】

提高学生的球感及控球能力，培养学生运球不看球的意识，增强学生的模仿能力。

【温馨提示】

运球的路线可以多变，如直线、曲线等，运球方式也要多样化。在人数上可以增加更多的人，增添趣味性。游戏中组与组之间要保持合理的距离，便于观察和模仿。

【游戏思考】

篮球游戏教学法以其娱乐性来降低学生的焦虑水平，以其竞争性增强学生自信心，以其锻炼性促进学生良好人格特征的形成，从而有助于促进学生心理健康的发展。因此，篮球游戏教学法对改善学生良好行为和促进心理健康起到积极的作用。

本案例中看似侧重模仿，其实则不然。是让学生建立观察意识，让学生在场上有运球不看球的意识和能力，随时能了解、掌握周边的情况，可见游戏不是简单的"玩"，而是有目的玩，有针对性的设计、开发，以此达到巩固技能、提高能力的目的。

游戏案例97：奔跑的姐妹

【适合年级】

小学中高年级

【游戏方法一】

学生3人一组，多组进行比赛。学生A、B在原地准备传接球，学生C相距学生A和B 10米远。游戏开始后，学生A和B进行原地双手胸前传接球，学生C向学生A和B快速奔跑，当C到达指定地点时说"停"。此时，A和B停止传接球。3人依次轮换角色，继续游戏，看哪两个人传接球次数最多。

如图97-1所示。

图97-1

【游戏方法二】

学生5人一起做游戏。学生A和B、C和D在原地准备传接球，学生E相距他们约10米远。游戏开始后，学生A和B、C和D进行原地双手胸前传接球，学生E向他们快速奔跑，当E到达指定地点时说"停"。此时，A和B、C和D停止传接球。比比看哪组传接球次数最多，哪组就获胜。然后轮换角色，继续游戏。

【游戏方法三】

学生3人一起做游戏。学生A和B在原地准备传接球，学生C与她俩站在一条线上。游戏开始后，学生A和B进行原地双手胸前传接球，学生C快速跑到指定地点，再返回起点时说"停"。此时，A和B停止传接球。3人依次轮换角色继续游戏，看哪两个人传接球次数最多。

【游戏规则】

传接球队员之间的距离至少3米，跑动的距离最少10米。所有学生听统一发令后才能开始游戏。奔跑者喊"停"时，同伴必须停止传接球。

【游戏目的】

提高学生快速奔跑的能力，巩固学生双手胸前传接球技术，培养学生与他人合作的意识。

【温馨提示】

游戏时，传接球的距离以及跑动的距离要固定，这样比出来的成绩才公平。还可以让一名学生冲刺跑，多组学生进行传、接球练习。教师可根据学生的实际情况具体安排。

【游戏思考】

　　篮球游戏教学法能使参加者更易与他人形成亲密的关系，人际交往能力更强。篮球游戏教学法以其广泛的人际沟通来促进学生团结协作的精神，以其适宜的运动负荷来增强学生的体质，合理地安排运动负荷，对促进学生的身体协调发展具有重要意义。

游戏案例98：跳绳传接球

【适合年级】

　　小学中高年级

【游戏方法一】

　　学生4人一组一个篮球，学生A、B原地摇绳，学生C在中间跳绳，学生D持球并与学生C相互击地传接球，成功传接球5次后，4人轮换角色，继续游戏。

　　如图98-1、98-2所示。

图98-1　　　　　　　　　　　　　　　图98-2

【游戏方法二】

　　学生4人一组一个篮球，学生A、B原地摇绳，学生C在中间跳绳，学生D持球并与学生C相互击地传接球，完成一次传接球后，学生D运球绕过摇绳同学，到达对面相应的位置。同时，学生C边跳绳边转身面向学生D，继续击地传接球，如此连续转换位置击地传接球3次，游戏结束。

【游戏方法三】

学生6人一组一个篮球，学生A、B原地摇绳，学生C在指定地点准备传接球，学生D、E、F依次跳绳并与学生C相互击地传接球。游戏开始后，学生D进绳，边跳绳边与学生C完成一次传接球，然后出绳。依照此法，学生E、F依次进绳、完成击地传接球，跳完一轮后，轮换角色，继续游戏。

【游戏规则】

传接球队员之间的距离至少3米。若出现失误，重新摇绳，接着计数。

【游戏目的】

巩固学生击地传接球技术，发展学生下肢力量，提高学生上、下肢协调配合的能力。

【温馨提示】

此游戏属于综合性游戏，学生要会摇绳、跳绳、击地传接球，才能玩此游戏。学生在游戏中，摸索出传球的时机，一般跳起时将球传出，这样好控制节奏。游戏的形式，还可以变为成功传接球5次后出绳，换下一个人接着跳，连续进行游戏。

【游戏思考】

篮球游戏教学法以其娱乐性降低学生的焦虑水平，每个人都有一个感到愉快、舒服的中枢神经最佳水平，体育活动有助于达到这一水平，从而使个体感到愉快。同时有研究表明，对体育的喜爱程度以及在体育活动中获得快乐，是扩大身体活动的心理效果的重要因素。如果学生不喜爱所从事的活动，那么活动后感到满意、快乐或产生良好情绪的体验是不可能的。

游戏案例99：接地滚球上篮

【适合年级】

小学中高年级

【游戏方法一】

学生两人一组，使用半块篮球场进行游戏。一名学生在中圈内持球准备，另一名学生在中线与边线的连接处等待。游戏开始后，无球队员向篮筐方向侧身跑，眼睛观察同伴，当其快跑到三分线时，有球学生以地滚球的方式将球传给无球学生，无球学生接球后运球上篮，无论球进与否，两名学生都要抢篮板球。

如图99-1所示。

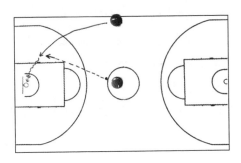

图99-1

【游戏方法二】

多名学生一组，使用半块篮球场进行游戏。一名学生在中圈内，其余学生每人一球，在中线与边线的连接处等待。游戏开始后，第一名同学将球传给中圈同学，然后向篮筐方向侧身跑，眼睛观察同伴，当其快跑到三分线时，中圈学生以地滚球的方式将球传给同伴，同伴接球后运球上篮，然后自己抢篮板球。依照此法，下一位同学接着练习。

【游戏方法三】

多名学生一组，使用半块篮球场进行游戏。一名学生在中圈内，其余学生每人一球，在中线与边线的连接处等待。游戏开始后，第一名同学将球传给中圈同学，然后向篮筐方向侧身跑，眼睛观察同伴，当其快跑到三分线时，中圈学生以地滚球的方式将球传给同伴，同伴接球后急停虚晃投篮一次，然后运球上篮，最后自己抢篮板球。依照此法，下一位同学接着练习。

【游戏规则】

传球队员必须传地滚球。接球队员根据距离篮筐远近选择接球投篮或接球运球上篮，避免走步。方法三中，接球急停做一次投篮假动作，再运球上篮。

【游戏目的】

　　培养学生侧身跑的意识。提高他们接地滚球的能力。复习三步上篮技术动作，学会运用投篮假动作。提高上篮命中率。

【温馨提示】

　　游戏初期，用半场进行此游戏，这对传球者和接球者的传接球能力要求不是很高，当学生已经能成功地在半场完成此项游戏后，教师要带学生做全场的练习，这对传球者的传球准确度提出了更高的要求，对接球人的接球能力也有了新要求。提示学生用力传地滚球时球会有一定的反弹，接球者可当击地反弹球来接，只是接球时重心要降低。此外，还要注意所有行进间的传接球都要传身前球。

【游戏思考】

　　篮球运动，虽然在小学阶段，但也不能总是停留在简单的拍拍球、运运球的形式上，尤其是在小学高年级。如果课堂内容过于简单，就会让一大部分学生失去上课的激情。教师可以适时地组织篮球对抗比赛，给篮球能力比较强的同学展示自己的机会，增强他们的上课热情，这样也会带动其他的同学，同时在这种实战演习中促进学生们篮球技能的进步。

游戏案例100："8"字运球上篮

【适合年级】

　　小学中高年级

【游戏方法一】

　　多名学生一组，每人一球，在端线后排好队。游戏时，利用全场的三个圆做"8"字运球上篮练习，拿到篮板球后到端线外排队，等其他同学都做完，再"8"字运球返回。

　　如图100-1所示。

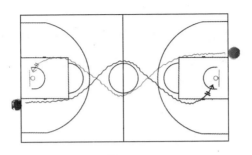

图100-1

【游戏方法二】

　　多名学生一组，每组一个篮球，多组进行比赛（每组用一块篮球场），在端线后排好队。游戏时，利用全场的三个圆做"8"字运球上篮练习，拿到篮板球后，同样的方法做回来，两次上篮至少保证进一个球，抢到篮板球后，将球交给下一位同学，形成接力。哪组先做完哪组获胜。

【游戏方法三】

　　将学生平均分成两组，在一块篮球场地上进行比赛。两组分别站在各自的端线后，第一名同学持球。游戏开始后，各组第一名同学开始运球绕"8"字，绕两个圈运球回本方篮筐上篮（绕到中圈时两人注意安全，避免相撞），球不进要补进。抢到篮板球后，交给下一位小伙伴，形成接力。哪组先做完哪组获胜。

【游戏规则】

　　经过圆圈时要保证外侧手运球，不得踩线，而后有一个换手加速运球的动作。运球过程中不得出现违例现象，若丢球，立即捡回从丢球处继续游戏。方法二中每人要保证进一个球。方法三中每人上篮一次，若球不进要补进。在运球绕中圈的时候要注意安全。

【游戏目的】

　　提高学生曲线运球的能力，提高上篮命中率。培养学生的团队意识。

【温馨提示】

　　此游戏与中、高考篮球测试项目相似，在运球熟练的基础上，让学生重点体会换手加速运球的动作，最后完成运球上篮也是为篮球比赛奠定基础。

【游戏思考】

　　游戏既锻炼了学生的耐力、速度，更重要的是增强了课堂的趣味性，把单调的反复训练变成了兴趣盎然的游戏，调动了学生的积极性，激发了他们参与的热情，让课堂生动起来、活泼起来。

开展篮球活动丰富校园篮球内涵

一、做好篮球运动的基础教育和普及工作

（一）抓普及

各班成立趣味篮球运动小组若十个，每人有一个篮球（学生自备），利用课余时间组织相关活动。班主任老师做好分组、辅导和组织活动等工作。

（二）抓基础

利用体育课、课外活动、大课间活动等时间进行篮球基础教学活动。将兴趣活动课的内容重新进行编排，让学生开展以篮球运动为主的体育活动；在早操中渗透篮球的技术技能，进行广播操后做篮球操的实验。

（三）抓评级

制定不同年级学生的篮球项目技术技能评级标准，每学期组织一次学生篮球水平考级测试，同时开展评优奖惩活动，每年级评出一个"篮球明星班级"、每班级按溇小球星评比方案评出"溇小球星"男女若干名，给予奖励。

二、举行篮球竞赛周和篮球文化周

（一）创建篮球特色学校

为积极创建篮球特色学校，推进学校篮球项目的开展，学校每年举行一届篮球竞赛周（上学期），学生以班级为单位参赛，分6个年级组进行比赛。如一、二年级为30米往返运球接力、三年级为1分钟投篮、四年级为三对三街头篮球赛、五年级为篮球赛、六年级为篮球运球三步上篮等。

（二）开展篮球文化周

为营造浓厚的篮球特色氛围，展示学校篮球特色的成果，学校每年举行一届篮球文化周（下学期），开展一系列的篮球特色活动。如篮球文化周开幕仪式、学生篮球才艺展示、年级全明星对抗赛、教工篮球赛、师生篮球交流、各种篮球荣誉展示、篮球知识讲座、评选各类先进等。

三、努力提高校篮球队的素质和竞技水平

（一）成立篮球兴趣小组

学校各年级成立篮球兴趣小组，利用每周二、四下午的兴趣活动时间及课余时间开展训练，每周训练时间不少于5课时，严格管理、规范训练，发现优秀苗子及时充实到校篮球队中。

（二）成立校篮球队

学校成立男女篮球队，主要由五、六年级学生组成。每天坚持科学训练。教练组制订好训练计划，做好训练记录，及时探讨研究训练情况，提高训练质量。建立运动员电子档案库，保证资料的完整性。对篮球队员的身体机能和运动技术水平、文化课等情况进行跟踪调查研究查。

（三）搞好篮球梯队建设

搞好学校篮球队的梯队建设，成立学校篮球二队，主要由三、四、五年级的学生组成。着重抓好队员的身体素质、基础技能和基本功的训练，为进入校篮球队做好准备。

（四）学校内部优先选拔人才

校篮球兴趣小组成员优先选用为校队队员，学校积极做好学生的思想工作。对于选中后无故不参加者取消三好学生、优秀队员的评选资格，取消参加学校年级篮球比赛的资格。

（五）开展各类篮球比赛

经常与兄弟学校开展互访性的篮球交流比赛，提高球队的比赛经验和战术素养。积极参加各级各类的篮球比赛，做好比赛的一切事务，力争取得较好的成绩。

四、开展篮球运动的教育科研活动促进特色创建工作

（一）开展篮球教学研究和科研探索活动

鼓励全校教师开展篮球运动的教学研究和科研探索活动，尝试、实验多种可行的教育教学和训练指导方法，及时总结反思，经常探讨研究，交流科研成果，借助已经立项的科研课题，推动学校篮球运动向纵深发展。

（二）尝试体育课堂教学的改革创新

尝试体育课堂教学的改革创新，选择编排适当的篮球内容插入体育课中，编排科学的篮球操，积极开发体育教学校本教材，形成体育教学特色。

五、小学校园篮球活动文化的育人功能

新课程改革对中小学的教育教学提出了更高的要求，且将"健康第一"摆在学生发展的首位。健康应该指身体、心理和社会适应三个方面都处于良好的发展状态。学校进行篮球活动有助于学生的身体健康发展，有助于心理健康发展，形成良好的个性，有助于学生的社会适应能力的提升。

（一）促进身体素质的发育

身体素质通常是指人体肌肉活动的基本能力，包括力量、速度、耐力、灵敏和柔韧等。一个人身体素质的好坏与遗传有一定的关系，但是与后天的营养和体育锻炼关系更为密切，因此经常进行体育锻炼有助于身体素质的提高。进行任何一项体育活动都必须建立在身体素质的基础之上，篮球运动也不例外。篮球运动

的技能、战术、能力都需要具有强健的身体素质，这有助于篮球运动员在比赛中突出的表现，同时学生参加篮球运动更有助于身体各项素质的进一步发展。小学学生正处于长身体的关键时期，学校开展篮球运动、鼓励学生积极进行篮球运动有助于身体的发育。首先，篮球技术的每一个动作，都需要人体各个部位、各个关节相互配合、按照一定的顺序组合进行，都是通过不同形式的肌肉活动完成的，而肌肉活动总是以不同程度的力量、速度、耐力、灵敏和柔韧以及肌肉的协调性发挥其功能作用的。因此，进行篮球活动有助于发展学生的力量、速度、耐力、灵敏和弹跳等身体素质，进而培养不同类型的篮球运动员，如ＮＢＡ中力量型的奥尼尔、灵敏型的乔丹、速度型的艾弗森等。其次，篮球运动能改善人们的机能状况，塑造强大的体魄，促进人体机能的发展，提高人体基本活动能力。学生进行篮球运动在发展身体素质的同时，还有助于学生心肺功能的提高，呼吸系统的进一步发育，身高体重的增长，使身体各个系统的发育朝着健康方向前进。

（二）促进心理健康发展

心理学中对心理健康的定义为：个体能够适应发展着的环境，具有完善的个性特征，个体的认知、情绪反应和意志行为处于一种积极的状态，并能够保持正常的心理调控能力。也就是说，心理健康是指人的基本心理活动的过程内容完整、协调一致，即认知、情感、意志、行为、人格完整和协调一致，能够适应社会，与社会保持一致。小学校园中开展篮球活动对学生的心理健康发展具有巨大的精神熏陶的价值。首先，篮球活动有助于学生个性的陶冶。中小学校园中开展篮球活动能够满足大多数学生的精神需求，塑造每一位学生不同的个性特征，激发学生积极向上的心态。其次，篮球活动的开展有助于学生情感的激发。篮球活动是一项团体活动，团体的荣誉都归功于每一位成员，因此它在带动优秀、活泼的学生进一步发展的同时，还能够使消极、冷淡、自信心不足，自卑的学生转变对自己的看法，提升自己的自信心，进而发展到积极进取的体育精神上来。第三，篮球活动的开展有助于提升认知水平。俗话说，积极的行动来源于正确而有效的认识。篮球运动对学生具有潜移默化的影响，从一定程度上激励着全校师生积极创新、开拓进取、与时俱进，进而提高对篮球和体育认知。第四，促进智力的发育。经常参加篮球运动有助于提高中枢神经系统的工作能力，提高分析问题和解决问题的能力，从而提高注意力、记忆力、反应能力以及思维和想象能力。

小学校园中开展篮球活动能有效提高学生心理素质，能使学生以一种积极进取的心态面对竞争。

（三）促进社会适应能力的发展

社会适应能力是指在社会中学生的人际关系、处事态度、集体意识和团结协作的精神，主要体现在学生在社会对人、对事的能力。篮球运动是一项团体运动，只有团体相互协作、互相帮助、相互信任才能取得胜利，篮球活动的开展具有群众性、协同性和交往性篮球技术的提高需要球员之间相互督促、相互帮助，才得以共同发展，战术的布局需要球员共同协作，出谋划策，球员之间精心设计组织实施，发挥团队精神才能取得优异成绩。因此在小学开展篮球活动有助于培养学生之 间的集体意识和团结协作的精神。篮球活动在发展学生集体精神和团结协作的品质的同时，在无形中也促进了学生各方面能力的提高。首先，篮球活动需要人与人之间协作、交流，进而提高了学生的交际能力；其次，篮球运动具有多变性，在篮球赛中需要球员具有随机应变的能力，才能更好地处理球赛中的突发事件；第三，篮球运动是一项团体活动，需要发挥学生的组织管理能力，因此小学校园中开展篮球活动有助于培养学生的自我组织管理能力。

六、小学校园篮球活动文化的构建途径

小学校园篮球活动文化的建设首先要提高学校领导、教师和学生对校园篮球活动文化的认识，加强精神文化的建设；其次注重物质文化建设，为篮球文化在小学校园的普及提供有力的物质保障；完善篮球文化的制度建设，为篮球运动在校园的普及与传承建立制度保障。

（一）建设校园篮球精神文化

精神文化主要指人们的思想观念、对知识的认识等，要提高校园篮球精神文化，首先要加大领导对校园篮球文化的重视，提高其对篮球文化的认识，加大对篮球文化的宣传，为学校营造一个篮球文化氛围。

1.加大宣传力度

文化的传承和发展需要宣传，只有宣传才能广为人知，学校也不例外。要想建立巩固、持久的篮球活动文化，必须加大宣传力度。在小学如何宣传才能起到相应的效果呢？首先，在体育课堂教学中，体育教师要发挥自身的作用，教授学

生篮球运动的技术和各种战术，组织各系列比赛吸引学生的眼球，进而使学生不自觉地对篮球产生兴趣，从而积极投入篮球运动中。其次，在体育教学之外，学校应该多多组织各种篮球比赛，通过各种系列讲座、知识竞赛提高学生对篮球的认识，在学校的宣传栏借助于标语、球星图片、广播电视电影等媒体作用，组织学生欣赏和观看体育比赛、充分发挥媒体和板报的功能，在日常生活中宣传和渗透篮球活动文化知识。

2.加强体育教学与课外体育锻炼的结合

体育教学和课外体育锻炼相结合能够使学生将在体育教学中学习到的技能战术知识运用到实践中来，以达到学以致用的效果。在篮球文化的传播中，将自体育教学中学习到的篮球技能战术运用于课外活动组织的比赛，运用于学生的大课间操，运用于课余体育训练，这不仅为学生提供物力支持，还为学生提供技术保障，有利于学生终身体育意识的形成。

（二）完善物质文化的建设

校园篮球物质文化包括篮球场地和篮球器材设施等。篮球场地设施的建设和完善是学校进行篮球活 动的物质基础，因此，为了使中小学篮球文化得到发扬，必须拥有充足的篮球器材设施和进行篮球运动的场地。一位著名的教育家曾经说过，学校的教育要具有"努力使学校的墙壁也会讲话"的效果，也就是说学校要发扬篮球文化，就必须注重校园篮球场地的建设和篮球器材设施的使用，使场馆和器材具有艺术性，具有较深的教育意义和激励作用，篮球器材的使用在保证安全性的同时也具有本校自身的独特性。如篮球运动场要根据不同年级学生的身心发展而规划建设，篮球器材也要根据学生的身体发育适当使用；校园中体育建筑、雕塑要加入篮球文化元素，如在校园中设计一尊乔丹雕塑，能在一定程度上激发学生进行篮球运动的积极性。

（三）完善学校篮球竞赛制度

竞赛是进行体育锻炼的导火线，篮球比赛是学生和教师学习篮球技能战术的主要动机，为了保持这一动机，维持师生进行篮球运动的积极性和热情，必须完善校园篮球活动竞赛制度，使学校篮球比赛成为一种文化，使其发展成为传统性和现代性相结合的篮球比赛制度文化。同时篮球比赛制度的建立在一定程度上对篮球文化知识起到宣传作用，进而实现竞赛效益的最大化。

（四）充分利用网络媒体

网络无处不在，网络在为人们的生活提供方便的同时，也为体育教学带来了便利。网络为体育教学带来的优势主要表现在：①教师的教学内容的创新和"二次开发"需要网络的帮助。②体育教师的继续教育需要网络的支持和帮助，教师可以利用网络进行自我教育，学习新的体育知识，查阅体育教学类知识和体育基本技能知识。③网络是师生之间交流的工具，通过网络交流可以增进师生的感情，学生之间也能共享学习经验和学习资源。④网络可以解决现实中无法解决的体育教学问题，可见网络在教学过程中具有无穷的魅力。当下处于信息技术高速发展的时代，网络信息资源获取的便利性、资源的共享以及信息交流的开放性打破了人们传统的在时间和空间上获取知识信息时所受的限制，它能使分布在不同地方的每一所学校、每一位教师和每一位学生都能得到丰富的教育教学信息，能使每一位教师和学生受益。具有这样的网络优势的存在使得教育在向信息化、网络化方向发展。建立体育课程资源库能帮助体育工作者及时获取和利用体育课程资源，实现体育课程资源的共享，实现良好体育课程资源的教育效益。网络成为社会高速发展的秘籍，实现教育先行的手段。因此建立高校体育课程资源数据库，不仅能达到资源共享的目的，还能够有效促进体育课程资源的开发和利用。

（五）建立校园篮球运动社团

学校的社团活动是体现学生参与体育活动的主动性的有力手段，也能够满足学生的体育兴趣和体育爱好，培养学生自我约束能力和组织管理能力。因此学校为了加大篮球知识的宣传，提高学生的认识，建立一支篮球兴趣社团是非常有必要的。

七、篮球热身活动

（一）篮球裁判手势操

本着让学生了解、掌握基本的篮球裁判手势，根据小学生的年龄特点及接受能力，我们挑选了5种违例手势和5种犯规手势进行了加工、操化，创编了一套适合小学生的篮球裁判手势操。本套操分为两个部分，第一部分是违例手势，第二部分是犯规手势。本套操的音乐为：花花世界。

随着国家的进步、时代的发展，篮球运动已经走进了我们的生活中，对于承载未来希望的小学亦是对篮球项目情有独钟。身为体育教师更应该顺应时代的发展，将篮球运动发扬光大，不仅要教会孩子简单的技、战术，更要让孩子了解篮球比赛的规则。根据中国篮球协会审定的篮球裁判员手册，按照篮球裁判员实际执法时手势的规律，将违例手势分为上举手臂（目的：停止比赛计时钟），违例手势（目的：清楚地指出违例的类型），用手臂指出方向（目的：清楚地指出比赛方向）。将犯规手势分为上举手臂并握拳（目的：停止比赛计时钟），用手势表示犯规队员的号码（本文中犯规队员以10号为例），犯规手势（目的：指出犯规类型），指出罚球次数或随后的比赛方向（根据节拍需要此环节未在操中显示）。

1.违例手势

（1）四个八拍：带球走步违例。

预备姿势：直立（见图1）。

第一个八拍：1—2拍：左臂经体前至上举，五指并拢，掌心向前（见图2）；3—4拍：两臂曲臂于腹前，相互环绕（见图3）；5—6拍：左脚向左迈步，与肩同宽，同时左臂经体侧至侧平举，食指指向左，其余手指握拳，头向左看（见图4）；7—8拍：收左脚、放手臂、头转回，还原成直立（见图5）。

第二个八拍同第一个八拍，方向相反。

第三个八拍同第一个八拍。

第四个八拍同第二个八拍。

图1　　　　图2　　　　图3　　　　图4　　　　图5

（2）四个八拍：两次运球违例。

第一个八拍：1—2拍：左臂经体前至上举，五指并拢，掌心向前（见图6）；3—4拍：两小臂于体前交替上下摆动，掌心向下，指尖朝前（见图7）；5—6拍：左脚向左迈步，与肩同宽，同时左臂经体侧至侧平举，食指指向左，其余手指握拳，头向左看（见图8）；7—8拍：收左脚、放手臂、头转回，还原成直立（见图9）。

第二个八拍同第一个八拍，方向相反。

第三个八拍同第一个八拍。

第四个八拍同第二个八拍。

　　图6　　　　　　图7　　　　　　图8　　　　　　图9

（3）四个八拍：携带球违例。

　　第一个八拍：1—2拍：左臂经体前至上举，五指并拢，掌心向前（见图10）；3拍：右大臂斜向下45°，小臂与地面平行，掌心向上，左臂自然下垂（见图11）；4拍：动作同第三拍，但掌心向下（见图12）；5—6拍：左脚向左迈步，与肩同宽，同时左臂经体侧至侧平举，食指指向左，其余手指握拳，头向左看（见图13）；7—8拍：收左脚、放手臂、头转回，还原成直立（见图14）。

　　第二个八拍同第一个八拍，方向相反。

　　第三个八拍同第一个八拍。

　　第四个八拍同第二个八拍。

　　图10　　　　图11　　　　　图12　　　　　图13　　　　　图14

（4）四个八拍：24秒违例。

　　第一个八拍：1—2拍：左臂经体前至上举，五指并拢，掌心向前（见图15）；3拍：右臂曲臂指尖点肩（见图16）；4拍：动作同第3拍；5—6拍：左脚向左迈步，与肩同宽，同时左臂经体侧至侧平举，食指指向左，其余手指握拳，头向左看（见图17）；7—8拍：收左脚、放手臂、头转回，还原成直立（见图18）。

第二个八拍同第一个八拍，方向相反。

第三个八拍同第一个八拍。

第四个八拍同第二个八拍。

图15　　　　　图16　　　　　图17　　　　　图18

（5）四个八拍：故意脚球违例。

第一个八拍：1—2拍：左臂经体前至上举，五指并拢，掌心向前（见图19）；3拍：右脚跟向右前方点地，脚尖抬起，同时右臂伸直，右手食指指向脚尖，眼睛看脚尖（见图20）；4拍：还原成直立（见图21）；5—6拍：左脚向左迈步，与肩同宽，同时左臂经体侧至侧平举，食指指向左，其余手指握拳，头向左看（见图22）；7—8拍：收左脚、放手臂、头转回，还原成直立（见图23）。

第二个八拍同第一个八拍，方向相反。

第三个八拍同第一个八拍。

第四个八拍同第二个八拍。

图19　　　　图20　　　　图21　　　　图22　　　　图23

2．犯规手势

（1）四个八拍：过分挥肘犯规。

第一个八拍：1—2拍：左臂经体前至上举，握拳，拳心向前（见图24）；3—4拍：左脚向左迈步，与肩同宽，同时两大臂前伸，小臂与地面垂直，五指张开，掌心向前（见图25）；5—6拍：左臂平曲后振一次，右臂自然下垂（见图26）；7—8拍：收左脚、放手臂，还原成直立（见图27）。

第二个八拍同第一个八拍，方向相反。

第三个八拍同第一个八拍。

第四个八拍同第二个八拍。

图24　　　　　图25　　　　　图26　　　　　图27

（2）四个八拍：拉人犯规。

第一个八拍：1—2拍：左臂经体前至上举，握拳，拳心向前（见图28）；3—4拍：左脚向左迈步，与肩同宽，同时两大臂前伸，小臂与地面垂直，五指张开，掌心向前（见图29）；5—6拍：两臂平曲与体前，右手握拳，左手抓右手腕向左后振一次（见图30）；7—8拍：收左脚、放手臂，还原成直立（见图31）。

第二个八拍同第一个八拍，方向相反。

第三个八拍同第一个八拍。

第四个八拍同第二个八拍。

图28   图29   图30   图31

（3）四个八拍：带球撞人犯规。

第一个八拍：1—2拍：左臂经体前至上举，握拳，拳心向前（见图32）；3—4拍：左脚向左迈步，与肩同宽，同时两大臂前伸，小臂与地面垂直，五指张开，掌心向前（见图33）；5—6拍：左大臂前伸，小臂与地面垂直，五指并拢，掌心朝右，右臂体前平曲，握拳，拳心向下，击左手掌一次（见图34）；7—8拍：收左脚、放手臂，还原成直立（见图35）。

第二个八拍同第一个八拍，方向相反。

第三个八拍同第一个八拍。

第四个八拍同第二个八拍。

图32   图33   图34   图35

（4）四个八拍：推人犯规。

第一个八拍：1—2拍：左臂经体前至上举，握拳，拳心向前（见图36）；3—4拍：左脚向左迈步，与肩同宽，同时两大臂前伸，小臂与地面垂直，五指张开，掌心向前（见图37）；5—6拍：两臂前伸，两手五指并拢，掌心向前推一次（见图38）；7—8拍：收左脚、放手臂，还原成直立（见图39）。

第二个八拍同第一个八拍，方向相反。

第三个八拍同第一个八拍。

第四个八拍同第二个八拍。

图36   图37   图38   图39

（5）四个八拍：阻挡犯规。

第一个八拍：1—2拍：左臂经体前至上举，握拳，拳心向前（见图40）；3—4拍：左脚向左迈步，与肩同宽，同时两大臂前伸，小臂与地面垂直，五指张开，掌心向前（见图41）；5拍：两手叉腰，四指在前，虎口朝上（见图42）；6拍：保持叉腰的手形，向外移动约一分米（见图43）；7—8拍：收左脚、放手臂，还原成直立（见图44）。

第二个八拍同第一个八拍，方向相反。

第三个八拍同第一个八拍。

第四个八拍同第二个八拍。

图40   图41   图42   图43   图44

（二）篮球球性操

在篮球课上，为了让学生尽可能多的接触篮球，进一步增强学生的手感、球性，教师往往会选择自编篮球操作为准备活动。我们将篮球技术中的运、传、投技术，及增强手感、球性的小练习编制成了一套篮球球性操。在充分活动各关节的同时，增强了学生对篮球运动的认识，并用身体去体会多种篮球动作，从而达到增强球性的目的。本操所用音乐是《加油AMIGO》。

1.预备节四个八拍

第一个八拍：1—2拍：直立，起落踵一次，同时双手持球于胸前，两肘自然下垂（见图1）；3—4：同1—2拍；5—6：起落踵一次，同时两肘抬平，手指用力压球（见图2）；7—8：同1—2拍。

第二个八拍动作同第一个八拍。

第三个八拍：1—2拍：直立，同时左手向右手抛球（见图3）；3—4拍：同1—2拍动作，但方向相反；5—6拍：同1—2拍；7拍：右手向左手抛球；8拍：同7拍，但反向。

第四个八拍动作同第三个八拍，但方向相反。

图1　　　　　　图2　　　　　　图3

2.上步提膝四个八拍

第一个八拍：1—4拍：直立，同时两手快速左右拨球（见图4）；5拍：左脚向前一步，同时双手持球（见图5）；6拍：右腿向前提膝，同时双手持球触膝一次（见图6）；7拍：同5拍动作（见图5）；8拍：收左脚，还原成直立，双手持球于胸前（见图7）。

第二个八拍同第一个八拍，但右脚向前一步。

第三个八拍同第一个八拍，但左脚向左前方一步（见图8、图9）。

第四个八拍同第二个八拍，但右脚向右前方一步。

图4　　　图5　　　图6　　　图7　　　图8　　　图9

3.胯下绕球四个八拍

第一个八拍：1—4拍：直立，同时两手快速左右拨球（见图10）；5—6拍：左脚向左迈一步成马步，同时右手从胯下将球传给左手（见图11）；7—8拍：收左脚，还原成直立，双手持球于胸前（见图12）。

第二个八拍同第一个八拍，但方向相反。

第三个八拍同第一个八拍。

第四个八拍同第二个八拍。

图10　　　　　图11　　　　　图12

4.三绕环四个八拍

第一个八拍：1—2拍：直立，两肘抬平，手指用力压球（见图13）；3—4拍：两肘自然下垂（见图14）；5—6拍：右手将球从头后传给左手，做一次头绕环（见图15）；7—8拍：绕环完双手持球（见图16）。

第二个八拍同第一个八拍，但5—6拍是腰部绕环（见图17）。

第三个八拍同第一个八拍，但5—6拍是膝部绕环（见图18）。

第四个八拍：1—2拍：右手将球从头后传给左手，做一次头绕环（见图15）；3—4拍：右手将球从腰后传给左手，做一次腰绕环（见图17）；5—6拍：

右手将球从膝后传给左手，做一次膝绕环（见图18）；7—8：双手持球还原成直立（见图16）。

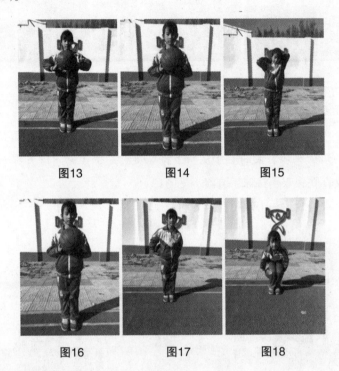

图13　　　　　　图14　　　　　　图15

图16　　　　　　图17　　　　　　图18

5.体侧运动四个八拍

第一个八拍：1—2拍：左脚向左一步，同时双手持球上举（见图19）；3—4拍：双手持球放于头后（见图20）；5—6拍：上体向左侧曲一次（见图21）；7—8拍：收左脚还原成直立，双手持球于胸前（见图22）。

第二个八拍同第一个八拍，但方向相反。

第三个八拍同第一个八拍。

第四个八拍同第二个八拍。

图19　　　　图20　　　　图21　　　　图22

6.体转运动四个八拍

第一个八拍：1—2拍：左脚向左一步，同时双手持球前平举（见图23）；3—4拍：右手托球，同时左臂经头上向后平举，掌心向上（见图24）；5—6拍：左臂经侧至前平举，双手持球（见图25）；7—8拍：收回左脚，还原成直立（见图26）。

第二个八拍同第一个八拍，但方向相反。

第三个八拍同第一个八拍。

第四个八拍同第二个八拍。

图23　　　　图24　　　　图25　　　　图26

7.腹背运动四个八拍

第一个八拍：1—2拍：左脚向左一步，同时双手持球直臂上举，后振一次（见图27）；3—4拍：体前屈，同时双手持球触左脚尖（见图28）；5—6拍：同3—4拍，但触右脚尖（见图29）；7—8拍：收左脚，还原成直立（见图30）。

第二个八拍同第一个八拍，但方向相反。

第三个八拍同第一个八拍。

第四个八拍同第二个八拍。

图27   图28   图29   图30

8.跳跃运动四个八拍

第一个八拍：1拍：两脚跳成开立，同时两臂前伸，双手持球（见图31）；2拍：动作同第1拍；3拍：并脚跳一次，同时将球收回胸前（见图32）；4拍：动作同第3拍；5拍：两脚跳成开立，同时两臂经体前至上举，双手持球（见图33）；6拍：同第5拍；7拍：同第3拍（见图34）；8拍：同第3拍。

第二个八拍同第一个八拍，但朝左转90°做动作（见图35、图36、图37、图38）。

第三个八拍同第一个八拍，回转正面做动作。

第四个八拍同第一个八拍，但朝右转90°做动作。

图31   图32   图33   图34

图35   图36   图37   图38

9.模仿投篮和传球动作四个八拍

第一个八拍：1—2拍：左脚向左一步，同时左大臂前伸，小臂与地面垂直，左手托球，五指分开，指尖朝后（见图39）；3—4拍：右手五指张开，指尖朝上扶在篮球侧面，两手成投篮持球手型（见图40）；5—6拍：两腿弯曲，同时持球手型不变，将球置于身体左侧（见图41）；7—8拍：两手持球向上做投篮假动作一次（见图42）。

第二个八拍：1—2拍：动作同第一个八拍的5—6拍（见图43）；3—4拍：左脚向左侧迈步，同时两臂向左侧伸出做双手胸前传球的假动作（见图44）；5—8拍：收左脚，双手持球于胸前（见图45）。

第三、四个八拍：动作与第一、二个八拍相同，但方向相反。

图39   图40   图41   图42

图43   图44   图45

10.胯下8字地滚球四个八拍

第一、二个八拍：两腿分开，将球放在地上，手放在球的中下部推动球做胯下8字地滚球（见图46图、图47）。

第二、三个八拍：动作同第一、二个八拍，但地滚球方向相反。

图46   图47

11.地滚球绕圈四个八拍

第一、二个八拍：蹲立，用手推球围绕着自己地滚球绕圈（见图48、图49）。

第三、四个八拍：动作同第一、二个八拍，但滚球方向相反。

图48   图49

12.手指弹拨运球四个八拍

第一、二个八拍：蹲立，同时右手弹拨运球（见图50）。

第三、四个八拍：动作同第一、二个八拍，但左手弹拨运球（见图51）。

| 图50 | 图51 |

13.低运球四个八拍

第一、二个八拍：蹲立，同时左手低运球（球的反弹高度在膝关节以下）。

第三、四个八拍：动作同第一、二个八拍，但右手低运球（见图52）。

14.高运球四个八拍

第一、二个八拍：起立，两脚前后开立，两腿弯曲，同时右手高运球（球的反弹高度在腰胯之间），左臂护球（见图53）。

第三、四个八拍：动作同第一、二个八拍，但左手高运球（见图54）。

图52

| 图53 | 图54 |

参考文献

［1］张磊.体能训练对小学生体质影响的研究——以北京市G小学学生为例［D］.2016.

［2］张俊萍.小学体育教学中激发学生体能锻炼的研究［J］.学周刊，2017（22）：109–110.

［3］秦成龙，杜培华.体育游戏——体能提升的首选［J］.中国学校体育，2014（1）.

［4］许桂英.灵性渗透体能训练释放体育教学魅力——浅谈如何在小学体育教学中提升学生的体能［J］.考试周刊，2017（79）：138–138.

［5］冯绮虹，张俭荣.小学体育课堂体能训练的有效措施［J］.田径，2017（6）：37–40.

［6］张童.篮球游戏的作用及创编［J］.职业技术，2014（6）：73–74.

［7］郑燊宇.篮球游戏分类的探讨［J］.运动，2017（2）：89–90.

［8］李海明，赵国明.简析篮球游戏在初中课堂教学中运用的原则及作用［J］.青少年体育，2014（1）：83–84.

［9］陈思宇.篮球游戏在高校篮球教学中的应用［J］.运动，2015（2）：94–95.

［10］赵亮.篮球游戏在篮球教学训练中的作用探析［J］.当代体育科技，2015，5（30）：37–38.

［11］屈洋.篮球游戏在中学篮球教学中的应用［J］.体育时空，2017（5）.

［12］刘小明，胡学礼.论篮球游戏在篮球教学中的运用［J］.体育科技文献通报，2011，19（8）：50–51.

［13］李新.浅析篮球游戏在青少年校园篮球教学中运用的原则［J］.体育时空，2014.